上野千鹤子的私房谈话

像女性主义者那样解决问题

[日]上野千鹤子 / 著

安素 / 译

广西师范大学出版社
·桂林·

小阅读

目 录

第五章　婚姻之外的情欲

第六章　不爱自己的我

第七章　我的人生到底怎么了？

来，
我负责解答
一切私人烦恼

第一章

讨厌的**老公**，讨厌的**职场**

1. 不懂体贴的丈夫很讨厌

咨询人｜主妇　30+

我是个 30 多岁的女性。一直很郁闷。在生孩子前，我作为正式员工工作了 17 年。

在职场中，如果复印纸或者墨盒没有了，我发现了就会补充好。大家拿去回收处的纸箱和手册，我会去整理，为了不忘记，在废纸回收日我会一大早整理好。有些年轻同事会帮忙，对我说："我们没注意，真对不起。"看见我做表率，他们自然也会成长。

产后我辞去了工作，回归家庭。但是在垃圾回收日我仍旧会给瓶瓶罐罐分类，整理报纸。我让老公帮忙，他却不肯。

最后他还训斥我："**在公司也有人特地叫我帮忙，在意的人自己干就行了，还有空来说别人，真让人火大。**"根本不理我。在家里，厕纸、洗发水这些东西，丈夫连放的地方都不知道，还理所当然地说："**在意的人自己想不开，不喜欢就装作看不见。**"

真悲哀。接下来的育儿，双方想法的差别如此之大，我都没有自信了。丈夫在职场上也是大大咧咧的人，我也不能苛求。**丈夫是个完全没有主动性的人，应该怎么让丈夫主动做家务呢？**

【回答】

要么"退货"，要么再教育

你的问题并不在于垃圾分类吧。在职场，年轻同事以你为榜样，是因为你是前辈。上司会以你为榜样吗？恐怕只会嫌你烦，没有说出口而已。

你真正担心的，是今后怎么和"不体贴的丈夫"一起养育孩子。

以小见大，"在意的人自己想不开"，这样想的丈夫，恐怕根本不在意妻子育儿的辛苦，就算孩子们拒绝上学也不在乎，有照顾父母的负担也不在乎。在婚前，你没有发现他的性格吗？还真是大意。

答案是二选一。在担心变成现实之前做出选择（但是丈夫可以退货，孩子却不能退货），或是把丈夫当成另一种怎么说也听不明白的迟钝生物，说得嘴唇起皮也要继续提要求。**丈夫不能换，却可以再教育，不要再期待对方会"主动做家务"。**

在这期间，夫妻间会冲突不断，双方的关系会变得紧张。不管你怎么说，对方总是无视，对方发怒的时候，你也会发怒，最后夫妻关系破裂。需要忍耐到那个时候吗？你的丈夫，值得你投入如此多的精力，搞得两个人的关系千疮百孔吗？

夫妻关系的角力中，日本的妻子一直都是献身式的，"还不如我自己默默做完更简单"。 你关于垃圾分类的烦恼，是非常传统的日本妻子的烦恼，让我有点惊讶。

从育儿能看出一个人的生活习惯，这是不能糊弄过去的测试，就以此为契机来改变丈夫吧，你要为此努力。如果你的努力没有效果，你就死心吧。还是不要搞得太难看，**烂苹果咬一口就知道了。** 你放弃了 17 年的正式员工的工作，还真是可惜。你已经没有将丈夫退货的自由了。

2. 我想让不工作的老公改头换面

咨询人 | 育儿休假中　女性　31 岁

我是个 31 岁的职业女性，现在正在休育儿假。今年秋天第二个孩子要出世，26 岁的老公却不工作，也不照顾第一个孩子，真是心烦。

3 年前结婚时，老公还是个大学生，不久就退学了。他没有找到固定工作，打工也是三天打鱼两天晒网。

前年生了儿子，我就休了育儿假，每天忙着家务和照顾孩子，靠以前的存款生活。

然而，老公却只是在家打游戏。让他做家务，他会很不情愿地去做，但不会主动去做。让他照顾孩子，也只是一起看电视。我逼他"去工作"，他也只是说"知道了"。

和他吵过架。**我的要求从"去工作"变成了"一天去做 2 小时兼职""少打游戏"，但还是不行。**

我向丈夫的父母倾诉，他们只是说"拿孩子没办法"，也不管教，真是溺爱。

我喜欢他，有了孩子也不想分手。第二个孩子出生后，我可以马上回职场，让他做"家庭主夫"。但现在这样，让他照顾孩子我也很担心。怎么做才能让颓废的他改头换面呢？

【回答】

既当"家长"又当"主妇"

丈夫不工作，是因为他没有工作的理由。

你工作有收入，还有育儿假，可见工作很好，还一手包揽了家务和育儿，丈夫就没有什么可做的了。

大概你同时兼任"家长"和"主妇"，是个可以两手抓的能干女人。**被宠大的丈夫，把你当成了取代他父母的新保护者。**

你说"喜欢他"，他哪里好呢？**你如果爱他不谙世事的纯粹和甜美、安于现状的软弱，那今后你仍然要兼任"家长"和"主妇"，把他当成你家的"另一个儿子"。**

一直以来，有很多日本女人把她们沉迷赌博、沉溺风月的丈夫当作自己的"儿子"，像慈母一样守候。跟以前不同的是，包括你在内，现在的女人不会说"没办法，男人就是这样"来原谅他们。妻子对丈夫的容忍限度明显降低了。

你对他的期待是什么呢？你们的婚姻生活要继续，你要求他分担育儿与工作之一，或是两者皆有，那就需要创造环境，"把孩子扔给他"也是其中之一。如果"因为担心没办法扔给他"，那就是你根本不愿意，或者你太完美主义，无法忍受育儿水准的下降。不要期待别人的能力和自己一样强，交给他就不要干涉，孩子只要健康成长就好了。

丈夫或许是在逃避现实、躲避竞争，不过他可能比你更适合育儿。对在外面奋斗回家的你来说，这也许会变成最棒的放松。如果他对育儿也不负责任，那就当成这个人有问题，放弃吧。

如果你无法放弃期待，认为"男人就应该这样"，那就当作自己看男人眼光不行，索性进入"母子式婚姻"，接下来，扶养家人的压力也会小很多。

3. 丈夫想辞掉工作，当家庭主夫

咨询人 | 医生　30+

我 30 多岁，是个女医生。

几天前，在电影软件制作公司当制作人的丈夫说他想辞掉工作。因为社长经常心血来潮，朝令夕改，让人压力很大。而且从我们住的地方——一个小城市到东京上班，通勤时间长，很劳累。他已经不像以前一样对工作充满热情了，辞职后也没有什么具体打算，没有什么特别想做的事。他想：家里孩子才两个月，要么自己回家当家庭主夫好了。

他自己也承认，因为妻子是医生，自己就算辞职生活也不成问题，这影响了他的决定。但我却不能释然地表示同意。

我一直觉得，与其结婚后成为一个无聊男人的奴隶，不如一个人唱人生赞歌。 对"医生""某协会委员"这种头衔不在意，明知我的收入比他多两三倍也不自卑，拥有自己世界的丈夫，曾让我感到自豪。

但是，如果现在没有准备就辞职，一时也找不到工作，**万一他在家里无所事事，我的爱还能持续下去吗？**"不在乎什么所谓男人的面子"，我曾经以为这是他的优点，但这种不在乎似乎也是为自己的懒惰找借口，我迟早会像其他人那样看待丈夫。你觉得呢？

【回答】
把你对伴侣的要求排个顺序

以前的人肯定会这样回答你："要让丈夫能干，你就要辞掉工作。"

这是"男人的成功是女人唯一的追求"的时代的建议。那是赌博，风险极高，你没有必要放弃医生这个职业。

在这个问题里，如果男女角色对调，就没有任何问题。觉得有问题的是你，你希望丈夫能让你尊敬，要他做一个男人，你的男性观成了这个问题的起因。

他是尊重妻子的工作和活动，配合妻子的生活方式，帮助妻子育儿的"温柔丈夫"，你还希望他在工作上有自己的追求，好像要的有点多。**向丈夫要生活保障、社会成功、性满足、知性、刺激、家务育儿上的协助，还有体贴呵护，把他当百宝箱，还是不要这样吧。**

有很多事是无法并存的。特别是你不用向丈夫寻求生活保障，那就要对自己向伴侣寻求的东西理出顺序，排出优先项目，不重要的就忽略不计。

丈夫暂时帮你带孩子，或许是一件好事。不过，夫妻角色倒转，"主夫（妇）症候群"的闭塞感和焦虑可能挥之不去，很多人都有这样的体验。设定时间限制也是一个选择。有个女人在专心育儿时却被丈夫这样告知："我有抚养孩子的责任，但没有抚养你的责任，孩子3岁后你就去找份工作吧。"当时她想，你怎么现在才告诉我。

不管是成为夫妻还是为人父母，自己的人生都只能自己去走。"为了妻子""为了孩子"都不能成为借口。你自己没有拿丈夫、孩子当借口，丈夫也受了你的影响吧……要是他没有受你的影响又会怎样呢？

他不能成为一个令你尊敬的男人，那也OK。**但如果作为人你都不尊重他了，你们的关系也要结束了。**你会埋怨自己看人没眼光，最后把他抛弃。如果丈夫成为你的包袱，那还是不要的好。祝福自己有能够那样潇洒的经济能力吧。

4. 公公太过分了

咨询人│公司职员　30+

我马上就要到 40 岁了，是个女职员，结婚 11 年了，有三个孩子。丈夫继承了家里的农场，和 60 岁的公公婆婆一起劳动，在农场里另建了房子和公婆分开住。我想咨询的是公公的事。

公公无论在工作还是家里，对婆婆说话都非常粗暴，不拿她当一回事，就算我和客人在场也一样。

晚饭时，公公一边看《水户黄门》①，一边在厨房喝酒，劈头盖脸命令婆婆拿这个，做那个。孙子来玩，也会让孙子吃自己的小菜，心情好的时候会逗孙子玩，**但不高兴的时候也会毫不顾忌地骂"笨蛋，去死吧"。**

婆婆和太婆婆都很喜欢孙子，所以我尽量多回婆婆家，但公公的态度实在太令人不愉快了。不管我说什么，公公

---

① 水户黄门是日本江户时代水户藩第二代藩主、有"天下的副将军"之称的德川光圀的别称。日本民间故事"水户黄门"在日本的知名度非常高，常被影视化。

对婆婆的态度也不会变。我每次看到却还是会想出言相助，精神上很痛苦。

　　婆婆每次好像都会生气，但毫无办法，我从未看到她顶嘴。丈夫、孩子们的态度也一样，都装作不在意。但回到婆婆家还是要面对这些，我很想冷静看待，对任性的公公应该怎么办呢？

【回答】
父辈的夫妻关系，就不要去管闲事

这也是过去一直都有的经典苦恼。但时代变了，你的烦恼里，没有一个字是对丈夫的不满，也没有对公婆的怨恨，让我安心许多。

你们住得很近，一起经营家业，公公婆婆关系如何，是他们夫妻间的事，他们也不是你的父母，你更管不着了。**其他人的夫妻关系，就算多不愉快，只要当事人没有解决的意思，就轮不到别人插嘴，这就是夫妻关系。**

你的丈夫没有像公公那样，你的婆婆没有干涉你的家庭，你的公公没有像对待妻子那样粗暴地对待你，也就是说他们没有把你当成"我家的媳妇"，而是当成"儿子的妻子"来看待，不管你丈夫出生的家庭有什么问题，你也没什么资格指手画脚。

有的人在暴力家庭长大，父母欠了很多债。**父母的坏习惯和不负责任，不是儿子的责任。同样，父母的夫妻关**

系也不能让儿子负责。这对夫妻如果是你自己的父母，你也毫无办法吧？

唯一会成为问题的是围绕孙子的教育产生的龃龉和关于照看公婆的争议。孩子的教育和父母的人生观有关，如果他们的参与你不能接受，那就明确拒绝。孩子们会仿效大人，告诉他们"不要像爷爷一样"，他们会明白的。

照顾老人时，好恶会清楚地表现出来。自己讨厌的对象，就算是亲人，也不愿意接触对方的身体。"可以照顾婆婆，但不想照顾公公"，你可以说清楚，如果婆婆先公公而去，就让他进养老院。大概你的丈夫也讨厌父亲吧，他应该会同意的。

父母的人生子女不能负责。其他人的夫妻关系，毕竟是其他人的事。这话听起来冷淡，但还是保持距离，把他当作反面教材，让自己的家庭幸福吧。不过，想到这个不被爱的男人孤独的老年，虽说他是自作自受，还真是有点可怜。

5. 讨厌的上司爱看黄色图片

咨询人｜公司职员　40+

公司上司的恶趣味让我很讨厌。他 50 多岁，已经结婚了，但很喜欢看黄色图片，而且是对熟女的偷拍和无码的图片。

在自己家里看没关系，但他竟然在公司看。自己座位上明明有电脑，还特地跑去别的房间，装作在工作，其实是在看黄色图片，外面的人看得一清二楚。虽然没有特意给我们看，但全公司的人都知道他在偷偷看。大家都在加班工作，在跟客户谈话，他却在看那种东西。

公司员工知道了这件事，感到很无力。最近才知道的我也大为震惊，本来很尊敬他，现在都不想去公司了。大家都拿着低工资努力，现在对他只有轻蔑之情。

就算认真工作，也会想他不会还在看吧，就无法集中精神。其实他属于管理层，但没有一个人出来制止他。大家考虑过要不要抓现场，大叫"你在干什么"，但没有实施。

怎么才能让他停止呢？还是只能放弃，像现在这样继续装作不知道？

【回答】

比起恶趣味，更让人担心的是，你们公司本身没问题吗？

工作不是天命，也不是生存价值所在，只是挣口饭吃。 管理层就算无能，公司也不会倒闭，上司不对你或者其他下属进行性骚扰、权力骚扰，你跟同事的关系还不错，工资不高但稳定，工资也没有拖欠……可以干下去的话，问题在哪里呢？

这就像是装工资的信封上印着黄色图片。准确地说，你上司的行为叫作"环境型性骚扰"，违反《均等法》①，是很明显的违法行为，只要举报，他就必须停止。但是他是管理层，举报之后你恐怕就很难待下去了。

不光是你上司，大部分男人都喜欢搞黄色。你看不起

---

① 指日本自 1986 年就开始实施的《男女雇用机会均等法》，该法旨在为劳动者创造良好的雇用环境，使劳动者不受性别歧视。1997 年修订之际，规定雇用单位（雇用主）对防止性骚扰负有"考虑义务"。2007 年再次修订时，性骚扰的保护对象扩大至男性，并将原法中规定的雇用单位的"考虑义务"强化为"措施义务"。

你上司的话，也一定会看不起大多数男人。在自己无法尊敬的上司手下工作的悲哀——只要这份工作要伺候人，就人人都有。他是"偷偷"看上几眼，当事人自己也不好意思吧。如果不是黄色图片，而是恐怖画面、杀人现场的特写，你能忍受吗？

还是说，在工作时间看是个问题呢？那就向公司要求，请公司去提醒他不要看（他不在家里看应该有原因），或是看的时候去别的房间，把门关起来。看到上司去了别的房间，心中暗叹几声就完了。不想看的东西就不要看，隔离起来就可以了。

不过，问题还是在别的地方吧。看看公司的财务情况吧，**管理人员不工作业务也不错，还是说因为管理者的无能，公司未来岌岌可危？做这种预测更重要。**管理人员没有尽责，工资太低，那又是另一个问题。**对工作的不满和劳动条件，是比上司的"恶趣味"更严重的问题。**

你的上司真是"光着身子的皇帝"，只要跟他说一句"大家都知道了"，他就会吓坏的。**没有人说出来，说明职场的风气不好，管理者独断专行，那危险的就是公司了。**

6. 讨厌上司的职场 PUA，令我疲惫

咨询人 | 研究员 女性 30+

我 30 多岁，女，从事研究工作。男上司的权力骚扰[1]令我很苦恼。

上司 60 多岁，在其他公司有业绩，被挖来担任现在的职位。他是本研究领域的第一人，我很尊敬他，也很感恩。以前他很宽厚，下属也很敬仰他。

但是，最近他癌症复发，接受了抗癌药治疗后又回到职场。他是团块世代[2]，**他们那代人有种领导了高速成长和经历过经济泡沫的自负，**不工作就心中不安，但其实对其他人来说很有压力。因为他变得易怒，经常训斥下属。

他不仅否定我的人格，还否定我的业绩，甚至批评我的外貌。说我"能力不够""不够优秀"，所以"不能放手给

---

① 权力骚扰被认为是一种非法歧视的形式，是一种政治和精神虐待，以及霸凌。
② 团块世代，指日本在 1947 年到 1949 年战后第一次婴儿潮出生的一代人，是日本 20 世纪 60 年代中期推动经济腾飞的主力。

我任务"。还会说"你怎么化的妆""这身打扮像学生"。我很混乱，我有那么差吗？去年夏天里我吃不下饭，都暴瘦了。

前两天，他又过分责骂一个年轻女孩，把她骂哭了。

他的妻子在异地，他是单身赴任。不知道是治疗太痛苦，还是精神上有问题，**他在外面表现得很绅士，在公司内部进行权力骚扰却愈演愈烈。**我的研究领域很特殊，不可能转行。朋友说"只能等他死了"。真希望他能退休，应该怎么对付他呢？

【回答】
上司上面还有上司，
那就是他的弱点

　　我能理解你。伺候比自己无能且粗暴的上司最痛苦，虽说现在有了"权力骚扰"这个词，算是时代的进步。

　　这位男上司，是一个不肯对任何人示弱的可怜老头吧。他把自己的不安发泄在比自己弱势的人身上。一边治疗复发的癌症，一边单身赴任，那就是说，他也无法对妻子展现自己的脆弱，很有可能他的妻子已经放弃他了。这种男性内心其实渴望有女性可以依赖。如果到这一步，他的权力骚扰就有可能会变成性骚扰。这种不清醒的老头，最好不要被他缠上，被他当成"唯一的救赎"。不过，我们现在讨论的不是"权力骚扰"和"性骚扰"哪个好一些。

　　如果只能在这里继续做下去，哪就把它当作糟糕的工作环境的一部分，只能靠节省能量、节省成本来应对。把他的话当作耳旁风，听过就算。不过，你太认真了，恐怕很难做到。

这种耀武扬威的老头，其实也有软肋，那就是上司上面还有上司。不过我要提醒你的是，**绝对不要一个人去强出头，跑去哭诉"我被他欺负了"。**与其作为被害者去哭诉，不如站在上司的立场上，就说这么尊敬的上司遭遇这样的困境，作为下属实在看不下去，这样下去，研究部门的业绩也会受影响。**要以为公司着想的态度去"进言"。**不用等到他死，上司的上司就会想出"调动工作""提早退休"这些保全体面的撤职方法。

当然也可以去找地方咨询或者去找工会投诉，权力骚扰是被认定为工伤的。不过，这需要提供受害证明。就算得到了补偿，自己身心受伤，那就得不偿失了。

如果这些方法都不奏效，那很可惜，你的公司没有未来。考虑长期的职业发展，还是寻找换工作的机会吧。

你才三十多岁，还有选择，六十多岁的他才是陷入绝境了，真希望他也来找我咨询。**不过，不跟任何人商量，撑死不治疗，就是男人的常见病啊。**

7. 面对主动接近的上司，
   我并不感到讨厌

咨询人 | 公司职员 女性 20+

　　我是个 20 多岁的女职员，未婚，已经两年没有男朋友了。

　　以前一起工作的上司，两个人一起吃晚饭后就变得亲密起来。他 30 多岁，已经结婚，对妻子很好，在家里也会照顾孩子，是个"好丈夫，好父亲"，工作上也很能干。

　　以前上司就会半开玩笑地说："有某某（我）这样的可爱下属，真是幸福。"最近在工作中，只剩下两个人的时候他会说："真糟糕，我喜欢上某某了。"这个人一喝醉就会寻求和女性的身体接触，工作中，只有我们两个人的时候，他还曾经从后面抱紧我。

　　到这里仅仅是常见的"偷吃"故事，**我感到烦恼的是，我被表白，被触摸，却没有任何感觉，就像是在看别人的事，自己变成了旁观者。**

　　我属于不会拒绝别人的性格，也害怕失去委派给我工作的上司，无法明确拒绝。如果对性骚扰很厌恶，就会有强烈的意愿去拒绝……如果事态进一步发展，我准备拒绝，但面对现状，我喜怒无常，这令自己担心。无意识中，我是不是对上司产生了除了尊敬以外的感觉，希望他对我表白呢？我的烦恼似乎很自相矛盾，你觉得我最大的问题在哪里？

【回答】
性骚扰越来越多了

你所经历的事就是性骚扰。因为你面对对方的表白和身体接触，并没有感到喜悦。**性骚扰的定义，就是"当事人不希望性方面的接近"。**同样是爱的表白，如果对方是自己喜欢的人就会很开心，不是的话就只感到麻烦。**"没有任何感觉"就是你不开心的证据，不要相信什么"无意识"。**

另一方面，你对自己的状况很冷静。你是因为"不会拒绝别人的性格""害怕对给自己任务的上司失礼"，才没有说"不"。这也是性骚扰的典型案例。你知道吗？性骚扰的实行人，会滥用自己职业上的地位，选择"不会说不"的对象来接近。原大阪府知事横山诺克的性骚扰事件 ① 发生后，曾野绫子曾经在新闻专栏里写道：**当时不闹，"过后才诉讼，那是女人的天真"。**这正是对性骚扰无知的证据。性骚

---

① 2000 年，日本原大阪府知事横山诺克因对一名 21 岁的选举服务女义工进行性骚扰，被判 18 个月监禁，缓期 3 年执行。横山诺克也因此成为日本历史上因被指控性骚扰而辞职的职位最高的官员。

扰正是因为受害人不会拒绝、不能拒绝才会发生。

你"最大的问题"是对讨厌的事不觉得讨厌，反过来，对高兴的事不觉得高兴，**这是一种"感官屏蔽"，你像旁观者一样看发生在自己身上的事。**而且，对过界的行为，比如表白、身体接触，也不知道自己喜不喜欢……这不是"喜怒无常"，也不是冷静。

可能在以前其他的环境中，你掌握了像旁观者一样看待发生在自己身上的事情的方法。这可能是不管发生什么事，都能生存下来的智慧。**悲哀的是，人越是被压抑就越能适应压力，可以很好地适应逆境。**而且要记住，男人有一种特长，很擅长为自己辩护。这么下去的话，你对上司越来越过分的试探，仍然会没有任何感觉，甚至在不知不觉中给出回应。

你最需要的，是恢复喜怒哀乐这些生动的感情。应该怎么做呢？似乎应该从深层找原因。

8. 因为做过性别研究？

咨询人 | 公司职员 女性 30+

我是个 30 多岁的女性，大学毕业后进了所谓的大企业，已经工作大概 10 年了。我在大学里学的是性别学，本来以为，日本企业是如何对待女性的，我已经有所了解了。

但是，我很快发现，**就算在大企业，某些不平等也看起来理所当然**：女性要负责泡茶，做辅助性工作，管理岗位的培训轮不上，管理岗位没有一个女性，真令人沮丧。更失望的是，在这家企业工作的女性对这种情况见怪不怪。

一般人看来，大企业福利好、待遇好，没有加班，休息正常。结婚、生孩子后，虽然不担什么重大的责任，还是能作为正式员工继续工作，是很舒服的。正因为如此，这些女职员才会认认真真地去做公司要求"女员工做的事"。

我怎么也不能融入这种"舒服的环境"。我学过性别学，对细微的男女不平等也会反应过敏。如果完全没有这方面的知识，我也许能更简单地接受现在的状况，毫无痛苦。性别研究对我来说是否很必要？我很苦恼，我是不是要把自己从对自己的束缚中解放出来？

　　如果你能教我从另一个角度来看问题，那就太好了。

【回答】
能放弃"舒服的环境"吗?

　　30 多岁,已经有 10 年工作经验了。已经到了不上不下、开始厌倦的时候了吧。

　　如果你认真学习过性别学,那选择日本的大企业从一开始就是个大错误。已经有各种实证研究表明,企业规模和性别歧视是相关联的。不是"连大企业"都没有女性管理人员,而是"就因为是大企业"才没有女性管理人员。数据已经清楚揭示了这一点。你学得不够认真啊。工作前做过调查吗?什么样的女性在做什么样的工作?女性的角色模式是什么?问问前辈,打听一下就知道了。比起工资,比起公司的名气、福利待遇,这些信息更重要,但你肯定选了公司的名气和稳定。这是你就业时的战略错误,不过这都是过去的事了。

　　接下来讲以后怎么办。用职业规划师的眼光来看,**"对细微的男女不平等反应过敏"不是因为你"学过性别学",而是因为你内心有一种骄傲,不能忍受无法解释的差别待**

遇，那就要果断换掉必定会折损你的骄傲的环境……换工作是一个选择。要么去男女平等、干活干到死的创业企业或者外资企业吧。工资会变少，福利待遇也会变差，劳动强度会变大，但是工作起来感觉应该会更好。不过，你在这家公司工作了 10 年，有没有业绩可以支持你去跳槽呢？

俗话说，"烂苹果咬一口就知道了"。现在公司的情况，你应该早就发现了。以前就算有跳槽的机会，你也没有去尝试，肯定是犹豫不决。

30 多岁，接下来要建立家庭，还是要一个人生活，马上就要面临选择了。如果你不想把生命献给工作，你现在的环境可以说很优越。如果你讨厌现在的状况，想选择风险更高的人生，就要有相应的能力和决心。不要再去寻求公司的肯定，积极参加 NPO① 或者地方活动，也是一个办法。寻找"另一个角度"的你，也可以换一种心情，不辞去工作，也不再对公司有期待。

不过，让有干劲的女员工都沉寂下去，日本企业真是浪费人才。

---

① 非营利组织（Nonprofit Organization，NPO），指不以营利为目的的组织或团体。

9. 看护现场让我苦恼

咨询人 | 女性　20+

我 20 多岁，女。

两年前，我去听了辅助者 2 级的讲座，学习相关知识，还去实习，学习"护理"知识。

但是，实习的地方情况很糟糕，在现场要争分夺秒，员工都很焦躁，那个地方根本就看不到笑脸。在讲座里，一直重复"体贴"这个词，但在现场只是量力而为。

吃饭也是把主食、菜、饭后的药混在一起，让老人赶紧吃下去。 我能做出这种事吗？不能。但最近在招聘的工作都是"看护"。

我下定了决心，自己不做那样的事。两个月前被派遣来做现在的工作。我一进去，之前的员工就纷纷辞职，我一个人要照顾一层 10 个老人，一个人照顾老人洗澡，一个人照顾老人出门。

像这样处于时刻担心老人不知何时会跌倒的状态，"体贴"跑得无影无踪。 公司在派遣期结束后，推荐那家公司直接雇用我。但是这种危险的状态令我很不安，我强烈投诉，对方只是说，我们在努力招人。

我才学习了两年，没有经验，很可能导致老人受伤，我经常想到就怕。

对目前的状况惊恐不安的我，是否不应该辞职，"马马虎虎"做下去呢？

【回答】
优先考虑自己的工作感受

嗯。很多看护现场如你所说，这种现状我也知道。无视老人人格的流水作业，工作现场连打招呼的时间都没有，时刻提心吊胆，一个人值夜班。东京都内，某养老院一层有 25 个老人，只有一个年轻员工值夜班，听了连我都不敢去。

所以，就算好不容易有心去考了证书，进入现场就打退堂鼓的看护层出不穷，离职率一直居高不下。现在经济不景气，只有看护的劳动市场有效招聘率① 一直保持在 1.0以上。缺口比求职者多，有能用的人就希望招为正式员工，从养老院来讲情况就是如此，你萌生退意，也是可以理解的。

这种如同走钢丝的工作继续下去，可能会发生看护事

---

① "有效招聘"指当前平均到每一个求职者的理论上的可上岗职位数，这个数字越高说明就业越容易、当地经济发展越好；反之，则说明就业困难、经济萎缩。

故。不管是正式员工还是派遣员工，在工作中责任是一样的。如果真的出了事故，不光是管理人员，你也要被问责。这么"马马虎虎"继续下去的话，就会陷入感觉麻痹和思考停滞，或者完全失去热情。不久，说不定会忘记现在的担心，自己变成虐待老人的人。

是否再请派遣公司多介绍几个地方试用呢？在这个过程中，就会弄清楚哪个养老院好、问题在哪里。遇到评价好的养老院，就自己去试试，然后再选择自己能够信任（是否放心把自己的父母送进去可以作为判断标准）的地方。

其实劳动者和进养老院的老人都有"选择的自由"。良币驱逐劣币，这是市场法则，因为没有别的选择，才会导致劣币横行。让养老院适度竞争，淘汰不好的养老院和从业者就好了。养老院不是老人乐享天年之处，而是为"不想让老人回家"的家庭提供服务，这才是最大的问题。不过，看护业问题频发的现实，不是你的责任，你要把自己的工作感受放在第一位。像你这样有志于看护事业的人才，我们再也不能流失了。

第二章

可以
讨厌母亲吗？

10. 我讨厌母亲

咨询人｜主妇　30+

我 30 多岁，是个主妇。

结婚后，我自己当了母亲，才确定我讨厌自己的母亲。

小时候，母亲是绝对的存在，长大以后，我对她的不信任越来越强烈。不过她让我衣食无忧，我也一直忍耐至今。但是现在，我越来越觉得因为价值观不同、性格不合，和母亲来往很痛苦。

父亲去世后，母亲对我家庭的干涉越来越多，我经常不跟她联系。母亲无法忍受，对我意见很大。母亲一个人生活，但继承了父亲的遗产，过着健康又富裕的生活。

母亲说，就算不喜欢的人，如果是家里人也要讲感情，这是理所应当的。母亲就算做了再过分的事，作为女儿我不接受，那就是我的错。我就算告诉母亲过去伤害我感情的事，她也坚称她没有错。

到了现在去改变母亲，那是不可能的，我也不能就为了孝敬她而改变自己。

比起母亲，我的家庭更重要。我应该怎么切断自己对母亲的执念呢？还是如母亲所说，像我这样"抛弃没有利用价值的"母亲是不可原谅的？难道作为女儿，我就必须要忍气吞声，让母亲随心所欲吗？

【回答】

摆脱自责，迈向自由

你讨厌你的母亲，对吧？

经常有人说"你当了母亲就会懂得感谢了"，你结婚生子之后，讨厌的心情还是没有变，那你是真的讨厌母亲。

没关系。有很多女儿都讨厌生自己养自己的母亲，名人里面有佐野洋子①、中山千夏②。佐野坦白说，她从来没喜欢过自己的母亲，中山也说从来不想见自己的母亲。这些女儿都很诚实，公然宣称不喜欢自己的母亲，所以我们才会认为，讨厌母亲是可能发生的事。

说起来，亲子真是不可思议的关系。孩子生下来时不能选择父母，父母也经常说，怎么会生出这样的孩子。有性格相合的亲子，当然也有性格不合的亲子。如果不是有

---

① 佐野洋子（1938—2010），日本著名绘本作家，代表作为《活了100万次的猫》。配偶是日本著名诗人谷川俊太郎。
② 中山千夏（1948—），日本编剧、演员，代表作为《小麻烦千惠》《克娄巴特拉计划》。

亲子关系，有些人甚至可能老死不相往来。

另外，**亲子关系是不对等的。父母对孩子的人生有责任，孩子却不必对父母的人生负责任**。父母的责任也只到孩子成年为止，孩子能否和养育自己的人成为朋友，要成人之后才能判断。

如果怎么也喜欢不上母亲，那就不用勉强。问题是这样的女儿，无法从不爱母亲的自责心理中解放出来。如果是这样的话，**让你痛苦的并不是"对母亲的执念"，而是你自己"想当一个好孩子，想回应母亲的期待"**。

幸好，你的母亲生活得"健康又富裕"。在她需要看护之前，你不需要付出精力和金钱。如果到了那一步，你也不必变成她的"依赖"，而是负责管理她的看护人即可。作为她的遗产继承人，这种责任还是要负的。这样的话，就算不见面也可以远程操作。**没有爱也没关系，就把她当成性格差、需要人帮助的邻居老太就好了，用温柔的心情来对待。**为了形成良性互动、不互相煎熬的亲子关系，记得买好看护保险。

11.无法忘记被虐待的记忆

咨询人｜女性　20+

我是个 20 多岁的女性。

父母曾对我进行精神虐待。在我懂事之前，7 岁左右，他们对我说："圣诞老人是不存在的，你真是个笨蛋。"这是我最早的记忆。

弟弟和妹妹都很受宠爱，闯了祸父母也会好好处理。但我如果犯了同样的错，简直可能会被杀掉，所以我一直活得小心翼翼。

高中毕业后不久我就工作了，生活费也交给家里。跟普通的同龄人相比，我很少给家里增添经济负担，但仍然听过无数次"一个月只交几万日元的人别开口""一看见你的脸就火冒三丈"之类的恶言恶语。

家里很小，父母和我、妹妹在一个房间睡觉。这种情况下，在父母做爱的时候，我就很难睡着，我打心底里看不起这种没有常识的父母。

现在我结婚了，跟他们完全没有交流。**但是，怨恨并**

没有消失。 我经常会做噩梦，会在梦中叫出声来，无法摆脱这个咒语。

怎么从童年记忆里逃出来呢？我最担心的是，虐待是会重复的。我的女儿才 8 个月，很可爱，**我会不会也跟父母一样虐待孩子呢？我很不安。** 上野老师很擅长对家庭关系给出建议，希望得到你的解答。

【回答】
把这样的经验变成你的"财富"

　　读着你的来信，我很担心。你受到了精神虐待，到现在还没有从那种状态里摆脱出来，我应该怎么安慰你呢……虐待已经是过去的事了。你已经脱离父母的家，有了亲爱的丈夫和孩子。摆脱过去的人生，跟父母断绝关系应该是很痛苦的，不过还是恭喜你，你做到了。

　　那么，你现在的烦恼，是怨恨没有消失？是的，怨恨一生都不会消失，我就算告诉你"忘记"也没有用。父母能消除你的怨恨吗？你已经不想见他们了。

　　从过去的经验来看，虐待你的父母并没有自觉，孩子不管怎么责备他们也不会反省。**跟父母算账是浪费时间，还会让你伤得更深。**那么找个人来倾诉，把自己的怨恨说出来吧。找一个不会否定你，可以放心讲给对方听的人。可能的话，有过同样虐待经验的女性自助团体是个不错的选择。只要说"我爸妈……"就会有人相应和，表示有相同经历，你也会有说出被虐待的经历的勇气了。弗洛伊德把这叫作"彻底清除"。**有过悲惨的经历，不要逃走，而是要转过身来面对，走出那段经历。**

另一个烦恼是担心自己会不会虐待自己的孩子，你担心会发生人们常说的虐待的代际连锁反应。**怀疑自己是不是在虐待的时候，你心中就已经按下了停止键，虐待孩子的父母不会觉得自己在虐待。** 所有的父母都是潜在的虐待者，在发觉的时候停下来就可以了。最简单的方法，是不要和孩子长时间待在一起。有第三个人帮忙，育儿就不会变成一种煎熬。

担心自己是不是在虐待孩子，说明你有着丰富的想象力。会这样想，是因为你有被虐待的经验。这样的话，被虐待的经历会成为你的宝藏，就像贝壳受了伤，哺育出美丽的珍珠一样。拥抱过去，好好加油，爱你的孩子吧。

12. 我诅咒躺在病床上的父亲

咨询人 | 看护师　50+

我是个看护师，50 多岁。

我想咨询的是关于我父亲的事。他现在有 4 级看护需求，在医疗机构接受看护。他不会说话，见面也会露出不认识我的表情。

我是独生女，结婚 28 年的丈夫冠了我的姓，一直和我父亲住在一起。两个孩子有人照顾。但不知何时起，丈夫和父亲之间有了摩擦，我们夫妻吃饭也和父亲分开，在 2 楼吃，但还是一直在吵架。

某次我被查出有乳腺癌，去邻县的大学医院住院，做了手术，接受了放射线和荷尔蒙疗法。父亲没有来看过我一次，我从医院回家里住，也没有一句安慰的语言。

去年夏天，父亲脑梗死病倒了，被急救车送到我工作的医院。我趁工作空隙去看望他，随着他的症状恶化，我精神上、身体上已经达到极限，我一直在他耳边说："我病的时候，为什么你没有说一句安慰的话呢？我一辈子也不会原谅你。"

　　如此憎恨自己的父亲，我觉得自己很无情。父亲死期到来那一天我应该怎么面对呢？想到这一点我就止不住眼泪。**对养育了自己的亲生父亲，比起感谢更充满憎恨，我应该怎么办？** 请告诉我解决方法。

【回答】
不要执着于算清感情的烂账

你希望的是什么呢？父亲跟你道歉，感谢你？父亲爱你，还是报复父亲，原谅父亲？

你得乳腺癌的时候，父亲都不来看望，也毫不担心，你对此很怨恨。也许不光是这个原因，自出生以来，结婚28年以来，一定有许多无法说出的一忍再忍。

你无法原谅"以自我为中心"的父亲，又无法原谅不能原谅父亲的自己，所以在自责。

没关系，讨厌父母，憎恨父母，已经活到50岁，经历了风雨的你，虽然没有写出来，肯定有很多理由。对需要看护的父亲配备了周到的医疗和看护，作为孩子已经尽到了责任。

脑梗死还是有听觉的。你在他耳边说的"我一辈子也不会原谅你"，父亲肯定听到了，你已经达成了复仇。但你肯定不能原谅这样的自己，还真是个可怜又坚强的女儿。

有很多子女在父母死的时候哭不出来。**亲子关系是完**

全一边倒的，父母基本不记得自己对孩子做过什么，想让父母道歉或者感谢，也完全是白费心思。爱恨都在心中有一笔烂账，感情的烂账，就不要再算了。

这笔烂账虽然对不上，但不要否定自己的感情，还是要积极面对。而且，不要让自己的孩子有同样的感受。不管父亲多么糟糕，也要好好送他走，跟自己的家人，特别是丈夫一起，分享迈过关卡的辛苦记忆和内心的解放感。而且要互相安慰：我们做得不错。他可是28年来跟你一起面对这样的父亲的战友。

之后，也许你还会在心里慢慢算感情的旧账，也许会怜悯起父亲，人就是这样成长的。这个重要的过程，请和丈夫及孩子一起分享。这个过程，才是你给孩子们的礼物。

13. 我想逃离母亲的控制

咨询人 | 高中一年级 女生 15 岁

我是个 15 岁的高中一年级女生。

母亲喜欢把自己的期望强加于我，让我很郁闷，又无可奈何。

因为认为得奖就能带来好结果，从小学时起我就开始学硬笔书法，参加作文和绘画比赛、科学展等，大多数时候都照父母的期望得到了奖。

母亲很高兴，她自己小时候没有得过奖。我也很高兴，不过，某一天，我忽然意识到，自己一直在照母亲的意愿行动。

我不算优等生，当然给父母添了好多麻烦，母亲总是强迫我照她的意愿行事，让我难以忍受。

我现在在一家公立的中等水平女子高中上学，母亲本来想让我进其他两所高中，我没考上，进了这所高中。

上高中后，我决定自己做主。对于上大学，母亲想让我以推荐入学为目标，自说自话定了几所国立大学为目标，为了增加砝码，计划让我再拿几个奖。她自己没能考上国立大学，想在我这里一雪前耻。我能明白她的心情，但看着她这样，我又不能强烈反抗，更对自己充满了愤怒。

我该怎样不伤害母亲的感情，又能清楚表达自己的意愿呢？

上野千鹤子老师能给我建议吗？

【回答】
试试引导母亲如何？

　　以前曾经发生过这样一件事。一个女学生来我们研究室咨询，她住在学生宿舍，总是苦口婆心地劝说不守门禁时间的朋友和不做清扫的学生，大家都很讨厌她。她无法忍受朋友的放纵，而她责备对方的口气，跟自己的母亲一模一样，这让她感到："我不是成了母亲操纵的机器人吗？"于是她来找我倾诉。

　　这是正常的反应——被母亲传染的她成了母亲的机器人。意识到这一点，她已经从母亲的诅咒中迈出了一步。

　　你不是母亲的机器人，也不是她的代言人，你就是你自己。 如果这么说的话，把女儿当作自己分身的母亲会感到"背叛"，大受震动吧。对，"不伤害母亲的感情"，又能脱离母亲的控制，那是不可能的，区别只是实现软着陆还是硬着陆的问题。某天发生冲突时伤害母亲，让母亲陷入半疯狂状态，说出"断绝关系"的宣言，这样的"硬着陆"是可以避免的。为此，尽量不要把自己逼到忍耐的极限。

首先，要对母亲保守秘密。这样一来，相对于母亲，你就已经在心理上占据了优势地位。**在小事上违背母亲的意愿，让她学会接受女儿不听自己指挥。**如果母亲和自己的想法不一样，就清楚地告诉她："妈妈，那是你想做的事，不是我想做的事。"不然的话，不光是选择学校，以后选择工作、选择配偶，她都会干涉。

你必须学着离开父母，母亲也要学着对孩子放手。如果你强调自我，家里会起争端，母亲会不高兴，母女关系会变紧张。但是这并不可怕。**一直戴着"好孩子面具"，将来你会付出代价，以后你会恨母亲，诅咒她，无法原谅她。**

为了以后和母亲保持良好的关系，你应该试着引导母亲。真是辛苦你了，15 岁就问出这种问题，比起你母亲，你更像个大人。

14. 母亲对宗教痴迷

咨询人 | 学生　20 岁

我是个 20 岁的学生。

妈妈从前几年开始买一些莫名其妙的书，去参加座谈会，对宗教十分痴迷。我和哥哥问她，她也只会生气地说："我没有痴迷。"

她会说到某某法则或者地球的未来等宗教里听来的知识，我因为喜欢反驳，她有时会生气，说我不听话。

去年，我们家买了一台共用的电脑，她的举动进一步升级。妈妈是个家庭主妇，却一天到晚都在看宗教网站，有很多莫名其妙的网站浏览记录。

我如果封锁了网站入口，妈妈就会非常生气。**如果她不迷信宗教，会是一个很好的妈妈。看着妈妈看电脑的背影，我会希望她还是消失了为好。**

哥哥很讨厌妈妈这样，工作后他就开始一个人住。爸爸每天工作都很忙，周末去打高尔夫，也不管妈妈，看见了也当作没看见，已经放弃了。

我也准备工作后就离开家，但如果留她一个人，她会陷得更深。如果我也不管她了，她会怎么样呢？我很担心。

　　我现在没有可以商量的人。我有好几次想把电脑弄坏，把宗教书全都烧掉。怎样才能让她不再迷信宗教呢？

【回答】
如果她没有强制身边人信教，那就不要管

如果母亲痴迷的不是宗教而是韩流，你能接受吗？追星又怎么样呢？"痴迷宗教"有什么不好的呢？话扯得太远了……你们家人之间已经没有了交流，所以现在于事无补了。让她出去散步吧，比在家里待着好。多出很多莫名其妙的书和东西……这跟游戏卡和手办也没区别嘛。一天到晚在电脑上看宗教网站，比看约会网站好多了。你关了网站入口，那她当然会生气，就像孩子被关了偶像网站的入口一样。**你母亲把宗教当成一种兴趣爱好，只是迷上了一种你无法理解和共情的爱好。就这么想，放过她吧。**

"痴迷"成为一种病，那要妨碍了周围的人际关系和日常生活才算。如果她强迫身边人信教，那就果断拒绝。如果她无止境地投放金钱，也要注意，任何爱好都要有限度。如果是零花钱的程度，那就随便她，超过的话就加以限制。钱不够了，还要去借高利贷，这才是危险信号。

她痴迷的是宗教，这并不特别恶劣或者特别高级。作为家人，当然希望她沉迷的是听起来更高尚安全的爱好，但她沉迷的不是酒精或高利贷，这就能放心了。

　　母亲沉迷宗教，一定是在某些方面很不满足。不过，你和其他的家人无法满足她，你们的关系已经出现裂缝了。你不喜欢跟母亲在一起吧？那就坦率地承认，从家里搬出去吧。不想见的人就不要见，保持距离最好。**母亲的人生你不必负责，你也不要想改变母亲的人生，母亲的问题只有她自己能面对。**如果她有问题要解决，期待她能给我们"烦恼树洞"投稿咨询。

15. 想和妈妈交换身体

咨询人 | 学生　18 岁

我是个 18 岁的学生。我不知道这算不算烦恼，我想问的是和其他人交换身体的方法。保留性格和记忆，只交换身体。我想跟妈妈交换。

我的妈妈马上就 50 岁了，她看起来很年轻，充满活力。她做很多工作，也喜欢买东西、去旅行，每天会化妆，还会搭配衣服，选自己喜欢的鞋来搭配。在我这个女儿看来，她比周围同年纪的人都年轻漂亮，我远远比不上。

妈妈现在还在上大学，和与自己的女儿差不多年纪的人一起学习。每天从早学到晚，周末去照顾祖母，考试期间真的没时间休息。不过，妈妈从不会中途放弃，我很尊敬她。

我想支持自己的妈妈，所以想把自己的身体给她。我没有才华也没有毅力，很差劲，只有年轻这个本钱。我有体力，还有也许还长的未来。比起我，大家都更需要妈妈，她更有活下去的价值。

我的存在本身就是一个麻烦。妈妈还要守护我，这让我更讨厌自己。如果可以给她我的身体，也算是有生以来第一次做了对妈妈有用的事。

【回答】
去看看妈妈的反应吧

　　如果你的愿望实现，献给妈妈你的身体后，你自己会怎么样呢？是从这个世界消失吗，还是变成 50 岁的身体？

　　得到你的年轻身体，你妈妈真的会开心吗？好好想想吧。如果女儿比自己先走，她应该会悲伤得发疯吧。光是想象跟自己互换了年纪的女儿要先走，就让人心碎。

　　你肯定没有想到这一点。"我的存在本身就是一个麻烦"，对谁来说是麻烦呢？妈妈把你当麻烦了吗？还是说，你想得到妈妈的美貌，所以把你年轻但自己不满意的身体献上，让她去体会你的痛苦？

　　是否，你觉得自己没有被母亲真正爱过呢？"爱"就是珍惜你，尊重你，希望你幸福。如果妈妈爱你，不会喜欢你这个想法。你有把握吗？你怀疑自己的存在对母亲来说是个麻烦，无法抹去这个怀疑。

　　比起生气勃勃、美丽动人的妈妈，你有一种自卑。也许，妈妈现在正在忙自己的事，没有精力管你。你想对妈妈发出信号：你看看我，管管我。

把你这异想天开的想法说给妈妈听吧，看看她的反应。看看她是不是一笑置之，说你比自己更值得活下去，你有你的优点。她也许会抱着你哭，说自己不知道你有这么灰暗的想法。如果她不理你，那就不要再寻求妈妈的爱。你已经是个大人了，都已经可以一个人来咨询我这种问题了。

没关系，你没有妈妈的爱也能活下去。 就算没有妈妈的关注，你也长这么大了。

如果你想帮助忙得团团转的妈妈，那就帮她做做家务，照顾祖母吧。

16. 相亲受责备

咨询人 | 女性 52 岁

我是个 52 岁的职业妇女，有一份全职工作。12 年前我离婚了，两个儿子已经上班，离开了家。3 年前开始我和快 80 岁的父母住在一起。

1 年前我开始相亲，原因是跟父母、妹妹相处得不好。**儿子们很支持我，父亲和妹妹则对我去婚介所找对象很反对。**

加入会员 1 年多，认识了一个同意跟父母住在一起的人，回家一说，父母说不愿意跟他住在一起，同我吵了起来。母亲表示理解我需要伴侣的心情。30 年前我就不顾父亲的反对结婚，又如他预料离了婚，他已经断定我眼力不佳，坚决反对。还有婚介网站的负面新闻，让他认为来婚介所的男人都不是好东西。他说，都有儿子了，不是很幸福吗？

我希望有人支持我，不想给儿子添麻烦。母亲 2 个月前身体健康恶化，妹妹责备我，说是因为我去相亲。妹妹很强势，总是看不起我，觉得自己才是在好好经营家庭。

我离婚时等于落荒而逃，给他们添了麻烦，我很感谢他们。但我也想向前看，还是我应该保持单身，就都相安无事了吗？

【回答】
为了不再继续怨恨父母

　　"为了寻找精神支持去相亲"，这句话看上去本末倒置。 从顺序上来讲，应该是遇到了能在精神上支持自己的人，想跟这个人永远在一起，所以才想结婚。这是一般的情况。

　　婚姻并不能成为精神上的支持， 这在你的第一次失败婚姻中已经得到了验证。结婚就能得到伴侣，你似乎是这样想的，但要看是什么样的伴侣。**有些伴侣让你庆幸，有些伴侣会让你后悔。**

　　不可思议的是，根据统计，结过一次婚的人，不管男女，都不会吸取教训，反而倾向于再次结婚。没结过婚的人，以后也不结婚的比率则很高。也就是说，**对结婚怀有幻想的人不管遇到什么样的现实，幻想或者说妄想都不会消停。**

　　父母老了，在意自己的安心胜过孩子的幸福，这点务必牢记。你的父母关心的是自己的日常生活平安无事。女儿已经把孩子抚养长大，正好可以帮忙照顾自己老后的生活，此时却来了干扰因素，那当然讨厌了。

把儿子养大的你，总算可以考虑自己的幸福了。如果你想幸福，那就不要跟父母商量。在此之前，就算年纪大了，也从父母家里搬出去吧。你有份全职工作，可以不依赖任何人活下去，趁父母还健康，出去吧。

接下来，相亲是你的自由，恋爱也是你的自由，恋爱失败也没关系，这就是成年人的自由。可以不给任何人添麻烦，选择自己喜欢的伴侣。比起相亲，你的自立是排在第一位的。

那要开始看护父母了怎么办呢？还是分开住，可以每天去父母家。让妹妹也尽义务帮忙吧，没有住在一起的必要。不管她怎么责备你，不听就好了。

比起父母的幸福，你自己的幸福更重要。对，**直面自己的自私、肯定自己的欲望，就是生活下去的觉悟。**否则的话，你在马上就要开始的看护生涯中，可能会继续怨恨父母阻挡了自己的幸福。

17.把父母送回临时住宅

咨询人 | 女性　38 岁

我是个 38 岁的女人。

因为在东日本大地震^①中房屋蒙受了损失，父母住进了临时住宅。我一个人住在离那里徒步 30 分钟的公寓。

地震的时候，我为了照顾父母，和他们住在一起。但是我本来就因为跟父亲冲突不断，才买了公寓自己独居，因为避难，独居生活也就泡汤了。**一起住了两个月，已经开始感到窒息，每天都觉得到了极限。**政府说临时住宅建好了，父母就搬过去了。

我也曾自责是我把他们赶出去了，但心里的真实感受是松了一口气。不过，我并非不爱他们。震灾前，我也不时去看望他们，关系还不错。

父母失去了房屋和所有东西，当然很可怜，我也想帮

---

① 东日本大地震也称 3·11 日本地震，指的是当地时间 2011 年 3 月 11 日发生在日本东北部太平洋海域（日本称此处为"三陆冲"）的里氏 9.0 级的强烈地震。此次震灾异常严重，百年罕见。

他们。不把两个人接回自己家照顾他们，就觉得过意不去，这些想法让我很烦恼。

我想听听上野老师的意见。

也许，你的回答会肯定我的现状，解开我心中的结，把我从烦恼中解救出来。

【回答】

你不认为像原来那样
保持距离最好吗？

　　我是上野，谢谢你点名。好，你的希望是"肯定现状"和"解救"。你的选择是正确的！上野的回答会肯定你的现状，这才是咨询的正确姿态（笑）。

　　世界上有只靠房子就能解决的问题。如果你住的是带有"别屋"的豪宅，或是上下楼的两代人公寓，你一定会毫不犹豫地选择跟父母一起生活。有物理上的距离，关系就能融洽——有自己房间的兄弟姐妹，分开居住的儿子和父母，单身赴任的丈夫和妻子……**因为有适当的距离，关系反而更融洽的例子有很多。**靠房子能解决的问题就用房子来解决。你完全没有选择同居的必要，这就是我的回答。

　　不过，你责备自己，是因为你父母是受灾者，住进了很不方便的临时住宅，你认为自己有责任。你父母的处境值得同情，但那是天灾，并不是你造成的。

　　要么还可以这样选择，索性把你的公寓让给父母，自己去住临时住宅，年轻人更能适应不方便。你想在父母身边，想帮他们，孝敬到这个程度就够了，并不只是住在一起才是孝敬。

你会来咨询，肯定是因为你很自责，震灾前你就从父母家里搬出来一个人生活，认为自己很不孝。没有结婚的单身女儿，理所当然应该跟父母住在一起，这是一般人的看法。

如果这样的话，以后父母需要看护时，不住在一起，也是不孝；父母一方先去世，不照顾还活着的一方，也是不孝。一辈子自责的节点少不了。

你已经从家里搬出来，保持距离后亲子之间也相处得不错。**说不定你搬出去后，父母也松了一口气。**震灾后一起住，那是特殊时期，还是当作暂时措施吧。恢复平常后，还是保持距离为好。父母和周围的人都能接受的话，那以后也保持适度的距离吧。

第三章

离不开孩子的 父母们

18. 未成年女儿背叛了我

咨询人 | 主妇　55 岁

我是个 55 岁的主妇。

我身边发生了一件"宁愿不知道"的事。4 个多月前，未成年女儿怀孕了，后来堕了胎，这个大秘密也是一种背叛，我是从女儿朋友的妈妈那里得知的。

我还真是个粗心又愚蠢的母亲，真难为情。直到今天，我还什么都不知道。虽说我知道她有一个年长一岁的男朋友。

更可悲可叹的是，女儿每天过着跟平常一样的生活，没有一丝慌乱。这么严重的事件，她是怎么处理的，竟然没有露出一丝痕迹，让人感到有些可怕。难道她没有一丝罪恶感和自责的念头吗？

作为母亲，最可悲的是，女儿变成了我最讨厌的那种破坏伦理道德的人。

我对学历有很深的执念，女儿考试落榜了。我和丈夫关系不好……应该有很多原因影响了她。

现在，我作为母亲感到自责和空虚，甚至还有对女儿的厌恶。我还没有质问女儿，想听听你的意见。

【回答】
从说句"对不起"开始

嗯。这个问题，我读了好几遍，觉得很不可思议，感觉不到你对女儿的爱。

"作为母亲最可悲的"，首先应该是"女儿如此不信任我"吧。你隐约感觉到了这一点，但很害怕承认，把所有原因转嫁给女儿，于是把女儿越推越远。

未成年少女意外怀孕，不能跟父母商量，"每天过着跟平常一样的生活，没有一丝慌乱"，这需要多大的努力啊。女儿"没有露出一丝痕迹"，可见她下定决心，不管怎么样也不能让母亲知道。这是因为知道你只会训斥她、责备她。**她遇到了有生以来最大的危机，但一点也没有期望你能分担她的痛苦，站在她这一边。**你们的亲子关系，让她清楚不能心存这样的期待，这已经是长期以来的事。"背叛"是以信任关系为前提的，你所说的"背叛"，是对女儿不照你的意志行事而产生的怨恨和愤怒。

你这封信，只是证明了我以上的解释。开头很抽象，

"宁愿不知道"，让人以为你要倾诉女儿搞援助交际，或是饮食障碍症。不知不觉中，你给女儿戴上了"好孩子面具"，女儿以前应该是顺从你的吧。

女儿意外怀孕又流产，对她已经是很深的伤害，但你还要把她推向"另一边"。

不过，你应该隐约感觉到自己也有错吧，支配欲、爱面子、跟老公关系不和……你自己生活在谎言里，也影响了女儿。你最后的问题才是解救你的方法。如果你在问"我应该怎么看这件事，应该怎么跟女儿谈心"，**那就不能"质问"女儿，而是要从告诉她"你困难的时候妈妈没能帮你，真对不起"**开始。如果你真的想从此开始重建跟女儿的关系，就这么做。

19. 对女儿说了过分的话

咨询人 | 主妇　40+

　　我想向上野千鹤子老师咨询一件事。

　　我是个 40 多岁的主妇，家里有丈夫、17 岁的女儿和 13 岁的儿子。儿子出生时，女儿 4 岁，我曾经任性地虐待过她。面对无声哭泣的女儿，我会自责"啊，我怎么会做出这种事。我不配做人，不配当母亲"。我向女儿道歉，跟她约定再也不会虐待她，自己也发了誓。

　　但是，最近，跟女儿吵架时，她会说："你虐待过我，做过过分的事。"

　　我再三道歉："真的对不起，即使道歉你也不会原谅我，对不起。"但是女儿心情不好的时候又一再责备我，我就会说："爸爸妈妈结婚后就关系不好，正准备离婚，却怀上了你。所以我没法离婚，现在还做着爸爸的奴隶，真不幸。**要是没生你就好了。我讨厌你。**"

　　后来她再也不跟我说话了。丈夫不知道我们的事，女儿在丈夫面前是个乖孩子。现在我也不爱丈夫，我们只是为了生活还在一起。以后应该怎么办呢？我已经不想再向女儿道歉了。

【回答】
多向女儿道几次歉吧

　　女人的人生真悲哀。不爱丈夫却怀上了孩子，无法分手，不止一次，还两次生育，成了两个孩子的母亲；虐待自己的女儿，被女儿怨恨，逃不出这样的生活……这种悲惨的咨询信，我还要收到多少呢？

　　请记住，母亲在违背本意的生活中受苦，目击母亲的痛苦，对孩子来说就是一种虐待。你把来自丈夫的压迫转移到弱小的孩子身上，就是欺负弱者。

　　你女儿太可怜了。就算你不虐待她，看到母亲的不幸，孩子也会把不幸的责任算在自己身上。被母亲宣告说"你就是我不幸的原因"，自己本来没错，却被母亲说"要是没生你就好了"。你女儿还在青春期，需要父母的爱护。被父母抛弃，会怀疑自己存在的意义，痛苦万分，甚至会自残或者自杀。那你一生就追悔莫及了。

　　青春期的女儿是母亲毫不留情的批评者。马上她就能理解和同情母亲的处境了，现在她正处在过渡期。你说

"已经不想再向女儿道歉了"，却来向我咨询，是因为你对女儿说了不该说的话，现在很后悔。你再多向女儿说几次对不起吧，不过，道歉的时候，不要伴随啰啰唆唆的抱怨。就为什么自己无法摆脱不幸，要真诚地对女儿解释清楚。

女儿成了你的倾诉对象，会早早被催熟，但与其憎恨母亲，不如变成母亲的盟友更好。

不过，以后你还要继续跟丈夫过这种不幸的生活直到死吗？**不幸的母亲会让孩子也变得不幸。不管采用什么方法，首先要把自己从不幸中拯救出来。**这就是我的母亲还活着的时候，我没能告诉她的话。

20.一个人养大了3个孩子

咨询人 | 主妇 62岁

我是个62岁的主妇。

自己创业的丈夫在50岁病死了，那时他即将破产。我带着3个孩子又去上班，拼死拼活撑到现在。光是生存下去就很难，孩子大学、高中的学费还有其他支出都靠娘家的母亲。

我对孩子们说："外公外婆帮了我们很多，有时间就要去看他们，表示我们的感谢。"发了工资和奖金，我总是提着父母喜欢吃的东西去看他们。

我觉得把孩子们教养得很好。三个人都结了婚，独立了。只剩下我一个人……2年前，父母去世，我又开始一个人生活。

但是，我从来没过过母亲节、生日。他们却会跟结婚对象的妈妈一起去旅行。难道我的教育方式错了？我到底是怎么把他们养大的？真让我觉得不值。大家开心就好了，我也不计较了，但是……"有但是就是抱怨"，看到关系亲密的家庭，我还是会很羡慕。

　　我有高血压、呼吸暂停症、乳腺癌，但我会练瑜伽、学外语，还有做手工的爱好，有很多朋友。**即便如此还是感到寂寞。**我想心平气和地生活下去，请告诉我该怎么想。

【回答】
对父母的评价
并不表现在态度和语言上

　　恭喜你，你作为母亲的任务已经圆满结束了。一个女人养活了 3 个孩子，没有一个孩子变成寄生虫，每个都结了婚，独立生活。你又送走了自己的父母，恢复单身，虽然有病在身，但有很多自己的爱好，朋友也多……你的生活让人羡慕，还有什么不满呢？那些子女不能自立的老父亲老母亲操心得不得了，根本不能跟你相比。

　　哈哈，单亲又如此辛苦地养大了孩子，你很想有人来夸奖你吧，特别是孩子们。但对父母的评价，并不能由孩子在语言或者态度上的感谢来衡量。孩子们也饱尝了父亲早早离世的辛苦。孩子们长大成人，家庭"健康和睦"，正是对你最好的评价。

　　孩子们没有照顾到你的心情，是因为知道你一个人过得有滋有味。跟婆婆去旅行，正是因为她是外人，如果不照顾她的心情，关系就无法维持。你得乳腺癌的时候孩子们怎么样呢？你住院需要看护的时候，孩子们应该都赶来了吧？比起生日和母亲节，在这些事情上可靠更重要。生日、母亲节和旅行是确认家人关系的仪式，你的孩子们或许觉得自己跟母亲的关系比仪式更深厚。

不过，已经完成育儿任务的父母和已经成人的孩子，有必要再次建立有距离的亲情。比如"前几天妈妈生日时买了蛋糕，一个人庆祝"，这样直接提醒也可以。我的妈妈，在接近自己生日和母亲节的时候就会给我写信或者打电话说"快到了"。不过，还是要有这样的观念：**仪式是靠不住的关系之间才需要的。**

21. 大儿子没有孩子，真可怜

咨询人 | 主妇　50+

我是个 50 多岁的主妇，想咨询的是我大儿子家的事。

大儿子夫妻两个都是保育员，比平常人更喜欢孩子，呵护孩子的心灵对他们来说很有意义。

但是，可惜的是他们自己没有孩子。他们年纪大了，接受过不孕治疗，甚至尝试过 6 次体外受精，但没有任何结果，真是可怜。

我媳妇性格好，很坚强。灰心丧气的时候，她曾给我写邮件：“我用尽了所有精力、体力、金钱，还是不行，我会修复自己受伤的心，再次努力。”

我读了她的邮件，忍不住哭了。

这世上的事没有先来后到。后结婚的二儿子夫妻，先怀上了孩子，那是我的第一个孙子。这本来是一件喜事，但想到大儿子就觉得他可怜，想到这个世界的不合逻辑，真是难受。

我知道这个问题没有答案，我只能在旁边瞎操心。

这种情况下，我应该怎么看待这件事呢？请帮帮我。

【回答】
心情会表现在态度上

　　这样的问题，真难回答。这是谁的烦恼，是你儿子的，还是你媳妇的，还是你自己的？没有人能代替别人烦恼。如果这是你大儿子夫妻直接写来的信还好，但这种代人投稿，我不知道该怎么回答。

　　首先，你要把你大儿子夫妻的烦恼和你自己的烦恼分开，感到烦恼的是你自己。你看到生不出孩子的媳妇很难过，不知道自己该做什么，这是你的烦恼。

　　大儿子夫妻没有孩子，这已经成为你的心病了吧？生不出孩子的媳妇，让你自己感到失望对吧？说不定，你认为没有孩子的女人不算个女人？……**你的视线紧逼着媳妇。**不孕治疗本来就是身心上的沉重负担，没有结果，已经够让人难过了，婆婆很关心，媳妇必须去跟婆婆报告："我会再努力。"这也太惨了吧。至少你要试着减轻他们的心理负担吧。

　　儿子和媳妇出于喜欢选择做保育员，就算没有自己的孩子，也可以作为专业人士选择这样的人生道路。**生不生孩子是自己的问题，作为母亲的你也不能干涉。**

你要做的，应该是把媳妇从必须生孩子的压力中解放出来。生不生，我都没关系，这是你们的人生，不是只有生孩子才能幸福——你自己先要这么想。**也不是有什么皇位要继承，没有孩子，人生也不一定会陷入黑暗。**

心情会表现在态度上。你觉得没有孩子的女人可怜，这已经成为媳妇的压力来源之一。

从古至今，孩子都是天赐之福，不是想要就能如愿的。生老病死是人力所不能及的，希望世上的人能更谦卑地看待这个问题。

22. 我很担心失去了自信的女儿

咨询人 | 主妇　50+

我是个 59 岁的女性。女儿 7 年前大学毕业，开始学习音乐，想去考新的音乐方面的大学。我知道女儿喜欢音乐，就告诉她可以考国立大学，但她没考上，结果还失去了就业的机会，第一份工作只是个派遣员工。

女孩子一开始没能当上正式员工，后面成为正式员工的机会就越来越少，应聘了几十次，都止步于简历审查。她渐渐失去了自信，变得自卑起来，不管做什么都不顺利，需要不时去做心理咨询。

现在，她一边做兼职一边继续在找工作，也没有机会认识男朋友。看着表情黯淡的女儿，作为母亲我不知道该怎么办。

女儿和我不知何时开始关系紧张，女儿离家出走住在外面。但她付不起租金，靠养老金生活的父母要每个月支援她，**每个月虽然很不情愿，但还是在付。**但今后怎么办？我们和女儿都束手无策。

是不是应该继续应聘正式员工呢？我希望她结婚，但她自己说没有那心情，我也觉得没有人会喜欢失去了自信的女儿。怎么办呢？我和丈夫都毫无办法，已经陷入了穷途末路。

【回答】
向女儿表明你们的决心

　　你快 60 岁了，跟我差不多年纪，是育儿任务结束，马上要准备步入老年生活的年龄。女儿却变成了"不良债权"，使你无法放心养老。

　　如果不能靠音乐养活自己，大学毕业后再去接受专业教育就太迟了。她跟你们商量要上音乐大学的时候，有没有跟她谈过：毕业以后的出路是怎样的？要是考试失败了怎么办？还是说把音乐当成兴趣就行呢？

　　在你们过于乐观的判断背后，是不是想过，**女儿总有一天会结婚，所以不用考虑她自立的问题？如果是儿子，你们当初会同意吗？**

　　"希望她结婚"，也就是说，希望她找到替代父母的经济依赖对象。**把结婚当成"获得对方的宠爱"，那就结不成婚。**结婚对你这一代人来说是可能的方案，在女儿这一代人身上，已经不可能了。

　　这个问题，如果是女儿自己真心困惑，来问我就好了。

你自己的烦恼是什么呢？想不再担心女儿，放松下来吗？那么你需要跟孩子保持距离。

女儿 30 岁左右，现在并不迟。现在人的社会年龄比生理年龄要小 7 岁左右，就把她当作成人吧。女儿已经离开家，那就更好了。现在有分组公寓这种便宜的住宅，不管女儿过得多穷，也只能自己忍耐。你出钱的时候一定要让她写借条。不过，这些决定不要一下子强塞给她，要和她面对面好好商量，表明自己的决心。在此之上，探索自己的道路，是你女儿自己的课题。

做父母的目标，是听到孩子某天说"我不再需要你了"。 你之前没有确定这个目标。要让自己的老年生活顺心，首先要让孩子自立。

23. 担心沉迷电脑的女儿

咨询人 | 男性　40 岁

我是个 40 岁的男人。中学一年级的大女儿废寝忘食地玩电脑，让我很担心。

女儿上的是附近的公立中学，回家后吃完晚饭，就会在客厅里一直坐在电脑前。

她在网上看动画片，照着画面画图。还跟朋友聊天、发邮件，忙忙碌碌，叫她也只是"嗯""啊"回答两句。我骂她"适可而止吧"，她就不高兴地把自己关进房间。

社团活动、学生会也不参加了。现在成绩还不错。只是，跟家人说话越来越少，什么都不做，看电脑看到深夜，让人觉得很怪异。

我并不觉得玩电脑有什么不好。我中学的时候看漫画入迷，也被父母骂过。不过，我还会听唱片、做航模，有很多事可以消磨时间。当然休息的时候我们会去外面玩，但女儿总是无精打采。

我推荐给她书和 CD，她完全没反应。看姐姐这样，还在上小学的儿子也开始对电脑感兴趣，都成了个小预备军。面对被电脑俘虏的女儿，我应该怎么向她展示这个多彩的世界呢？

【回答】

没有捕捉到青春期的信号，
是你的问题

你的烦恼怎么能称为"烦恼"呢？我一点都不理解。

中学一年级的女儿，既没有生病又没有拒绝上学，没有自残也没有厌食，没有卷入欺凌事件，社团活动和学生会也参加了，还会和朋友聊天、发邮件，成绩良好。即使废寝忘食地玩电脑，也没有去上恋爱网站，只是对动画和画画这样的创作活动有热情……其他父母看了都要羡慕，这是多好的女儿。你对她有什么不满呢？

哈哈，是因为她对你这个爸爸看都不看一眼？她根本不听你的话？对了，青春期的女孩就是这样的。她已经明确发出了信号，想跟爸爸保持距离，对这种信号视若无睹（不会读空气①）的你才有问题。

什么？"多彩的世界"？那是你还不知道网络世界的广

---

① 意为"不会察言观色""搞不清楚状况""不会看人脸色"或"不懂周遭情形"。

阔。你喜欢的漫画、音乐、图片，网上都有。不止如此，网络还通向你想象之外的世界。其实你感叹的是，女儿不喜欢自己喜欢的书、CD（低端技术）。你是在向女儿撒娇，说实话，真烦人，所以你才会被讨厌。

你和孩子的关系随着她的成长会发生变化，跟不上的是父母。这段时间父母的角色是远远守护，在她寻求帮助的时候伸出坚定的手。从这一点来说，客厅里有电脑是一件好事。受到影响的弟弟，也算是后生可畏啊。

比电脑更好玩的东西？不管多沉迷电脑，那都是虚拟空间。在真实的世界如果过得开心，自然就能保持平衡。从你女儿身上也看不到逃避真实世界躲进虚拟空间的倾向，没什么好担心的。还是说，在真实世界去发生性行为或是搞出麻烦更好？

"这毕竟是我的女儿"，怀着这样的想法，守护自己的女儿吧。

24. 只会自说自话的长子

咨询人 | 主妇 40+

我是个 40 多岁的主妇。高中三年级的长子让我很烦恼。

长子性格敦厚，为人温柔，上的高中在地方上升学率不错。他的学习成绩不算差，但总是"自说自话"。

例如，家里谈起"法国的第一夫人很漂亮"，他会忽然来一句**"那是一种出轨"**。仔细问他，他会说"我以为你们讲的'第一夫人'是一夫多妻制"。

还有，我们说到"蜘蛛不符合昆虫的定义，不是昆虫"，他会很认真地说**"昆虫是小学生用网捉到的好伙伴"**。说着很幼稚的话，经常破坏气氛。

在他小时候我就觉得"他一开口就会冷场"，作为父母，我们为了"让他有更丰富的体验"，让他去野营，去科学教室，跟他多说话，让他看很多报纸。

但是，上了高中，这种情况简直让家里人都受不了。他在学校朋友也很少，让我担心以后的入职面试，他到底能不能好好应对。现在是全球化的时代，"沟通很重要"，我很担心他能不能成为一个合格的社会人。有没有什么好办法呢？

【回答】
想象力丰富的孩子，
请他来上野的教室

　　我非常欢迎这样的学生来东京大学。

　　最近，不会"读空气"的人很不受待见，跟身边的人保持同步的年轻人越来越多，你这孩子还真奇怪。而且，**他的怪，能让人感觉到智慧和知性，非常独特。**能承担未来的，与其说是那种会读空气的"交流型"人才，不如说是你儿子这样的年轻人。这是我说的，准没错（笑）。

　　上的学校不错，成绩也不错。要在考试中得到好分数，比起展示自己的想法，给出对方期待的答案更重要。**一般的优等生，在这个过程中独创性都会受损。**你儿子有看懂和适应环境的能力，又没有失去"学前稚童"的丰富想象力，真棒。

　　"昆虫就是虫网捉到的小伙伴"，这想象多美啊。世上所有的分类学也不过如此。蝴蝶和蛾的区别，发酵和腐烂的区别，不就是跟这一样吗？**只有拥有不落窠臼的想象力**

的人，才是 21 世纪日本需要的擅长生产信息的人才。从"第一夫人"想到"出轨"，那更是风吹草动，举一反三，这能力非同寻常，肚子里有货才能举一反三。你把他说的这些话都记得一清二楚，说明印象深刻。要不要写一个"儿子语录"呢？

他在家人面前说这些话，说明这是让他放松的环境。他有一个很棒的家庭。朋友不在多，能理解"自说自话"的儿子的优点的朋友，少数几个也足够了。没关系，"性格敦厚、为人温柔"的儿子，肯定能找到朋友和恋人，在求职的时候只要搞清楚流程，按要点 ABC 行动就行了。

不过，你的来信，看起来是倾诉烦恼，其实是炫耀儿子吧？他本人需要的是动机和热情。如果他想学社会学，上野老师的教室非常欢迎他。

第四章

下半身涌起的

欲望

25. 与已婚女性发展出了"危险关系"

咨询人 | 公司职员 男性 30+

我是个 30 多岁的公司职员。没有孩子，夫妻都有自己的工作。**我很爱妻子，对她没有任何不满，妻子也没有任何过错，但我还是出轨了。**

我工作很忙，每天要从早上 6 点多工作到深夜 12 点以后。每天妻子起床之前我就出门了，她睡觉之后我才回家。双休日也有一天要工作，另一天去语言学校学外语。

妻子比我优秀，遇到棘手的事也游刃有余，情绪稳定，不会多愁善感。她成功换了工作，时间上更充裕了，还为我去美食教室学做饭。我忙得连周末都无法一起度过，她也没有怨言。

新婚时我们就有"给对方私人空间做自己喜欢做的事"的默契，也许这反倒成为隐患。要是买了房子，有了孩子，就不一样了。

不过，我经常感到寂寞，跟公司某部门的一个女人发展出了"危险关系"，对方也是已婚。我们在工作中相遇，看对了眼，她向我发出了明显的邀请。

我这个人性格一根筋，对婚外情也会"当真"，那就只能跟妻子分手了。我太忙了，没有时间跟妻子相处，才导致我出轨。冷静想想，其实就是我的任性造成的，我心里很明白。**有人能阻止我吗？**

【回答】

要封锁情欲还太早……

哈哈哈。你写道："有人能阻止我吗？"欲断难断的情绪已经洋溢在你的字里行间。这种时候，要是顺从你的心意阻止你——"不责备你了，赶紧住手吧"，说不定以后你会怨恨我们夺走了好不容易从天而降的机会。要是告诉你"没办法，瞒着妻子偷偷进行吧"，你就会像获得了许可，心里暗叫着"太棒了"，投入新的恋情。不管是家庭出了问题，还是跟情人进展不顺，你都会埋怨给你答案的人。**你的圈套，我可不会上当。**

三十多岁，正值欲望勃发的年纪。情欲是性欲，也是生命的欲望。**结婚对象并不一定是"最后的"恋爱对象，这是漫长人生中的一大难题。**要给已经涌动的春心盖上封印，继续走接下来的人生，还是……对妻子的爱和此时的心动是不一样的。以后这种心动也许不知何时还会有，要在一生中一直压抑这种冲动吗？那人生 80 年，就太漫长了。

没有比恋爱更能让人认清自我的体验了。自己的欲望、

爱好、牺牲、留恋、嫉妒、心机、自私，还有孤独，都在恋爱里。不过，这种体验，需要支付极高的学费。成人的恋爱，不能让自己的伴侣知晓，这是基本礼仪，为此需要高超的技术和慎重。我觉得你好像没有这样的素质。一旦暴露，会把妻子、情人、情人的伴侣都卷进来，搞得一团糟。

不过，经历过"爱情风暴"的人生和没有"爱情风暴"的人生，到底那个更好，需要你自己判断。人生也是高风险高收入，低风险低收入吧。不过，人生的体验，总会留下点什么，才不会到最后空空如也。

不过，你的伴侣也可能会遇上"心动的对象"，这一点不要忘记。那时候，已经"曾经沧海"的你，在伴侣眼中，恐怕会比现在更有魅力。

迷茫也是一种乐趣。做适合自己的选择吧。

26. 拿我的性欲怎么办？

咨询人 | 公司职员　59 岁

　　我今年 59 岁。夫妻间性生活的话题，就算在酒馆借酒发挥，也对同事或兄弟难以启齿。

　　我明白男女身体结构的差异。我虽年近花甲，看到青春洋溢的女性，仍然十分眼馋。就算待在她们身边也好，有了这个感觉，晚上也精神勃发。但是，要命的是，我的老婆已经没有"性趣"了。几年前，她在性生活中感到疼痛，从此以后，虽然我竭尽全力，她也不肯配合了。

　　说实话，结婚后，我既不花心也没有搞婚外情。没有自慰过，AV 录像带都没有。孩子们已经独立，我和老婆两人成了空巢老人，因为我打鼾，已经分房睡了。

　　我们没有吵架，也不是性格不合。老婆是长女，我是小儿子，我们都是 O 型血。我们会一起看电视，一起喝酒，一起说下流话，还会互相按摩。不过，接下来老婆就会说些扫兴话，让我回归现实。

　　我问老婆，是不是跟我再也没有性生活也没关系，老婆回答说：**以后再也没有也没关系，我不觉得缺什么。**还加上一句：老了最好适当禁欲，不过要去外面找人也可以。

现在我还不想去风月场所发泄性欲，以后该怎么处理我的性欲问题呢？

【回答】
你努力过了吗？

经常听到这方面的烦恼：丈夫还干劲十足，妻子却已经提不起兴致的这种不和谐，以及反过来的情况。

这是夫妻之间的性关系，以及性以外的关系的体现。团块世代的夫妻都已经婚龄 40 年了，这么长时间磨合出来的关系，不会轻易改变。

到了现在，妻子不想再有性生活，肯定是以前对妻子来说性生活并不开心愉快。年纪大了，女性的性器官不再湿润，性交时会产生痛感，这是常识。HRT（荷尔蒙补充疗法）或者使用润滑油可以缓和痛感，这是医学上的建议，不过用各种方法实现插入，有容许婚内强奸的嫌疑。

最重要的是，妻子是否觉得性生活很愉快，还有你是否为此尽过努力。如果觉得愉快，就还会想做，这跟年纪没有关系，我认识 80 岁还过着愉快性生活的女人。

妻子说的"以后再也没有也没关系，我不觉得缺什么"，翻译过来就是**"这种辛苦的义务已经尽够了"**。《老年期的性》（1979年）的作者、这个领域的先锋保健师大工原秀子老师在调查时，发现这句话是当时70岁以上女性的心声。团块夫妻中，对丈夫自说自话的性生活，妻子都已经厌倦透顶，这从各种性调查中都可以看出。你并不是例外。

你的性欲就是你和妻子建立关系的欲望，仅仅是身体上的欲望吗？如果想挽救和妻子已经冷淡下来的性关系，就要花费心思和精力去弥补，学习适合高龄夫妻的床上礼仪和技术。

如果还不行，现在市面上并不缺少DIY小工具，感到焦躁时可以自己解决，偶尔请妻子用手和嘴协助即可。什么，你说这她都不愿意？如果这种肌肤接触她都不想要，以后某一方需要护理时，包括帮助排泄在内的身体照护都无法指望了。

27. 明明想触摸妻子的身体……

咨询人 | 无业 男性 66 岁

2009 年 7 月 4 日，我在"烦恼树洞"专栏里，读到一个年轻女性倾诉性方面的烦恼，不由被引起了兴趣。

我是一个 66 岁的无业男人。性方面的问题不光年轻人有，我自己也有，这一点我很清楚。我的妻子 62 岁，我们、长子夫妇还有三个孙子七个人生活在一起。

我们之间就是很普通的夫妻关系。但是，现在我们已经没有了性生活。

我感到不满的是，**妻子很讨厌我触摸她的身体。**她拒绝一切亲密动作，这让我难以忍受。

年纪越大，夫妻生活越少，这是自然规律，我曾经这么以为。我不时还有性欲，想触摸妻子的身体。这种想法挥之不去，甚至影响到了生活。

不过，到了现在，去外面处理性欲问题也是不可想象的。和我抱着同样烦恼、处于同样年纪和境况的男性或女性应该有很多吧。不过，我的烦恼是：只有忍耐到底吗？

　　同时，我正处在丧失男性功能的过程中，不过仍然想碰触妻子，这是一种异常吗？

【回答】

性欲？关系欲？触摸欲？

又有人让我回答这类问题，真是高兴。

在这个广阔的世界上，只有一个异性可以触摸，这真是一件很不自由的事，但这也正是因为你接受了束缚自己的契约。我对婚姻的定义是：**"结婚就是签订合约，把自己身体的性权利终生排他性地交付给某位特定的异性。"**可以在发行量800万份的全国性报纸[①]上写出这句话，这真是个美好的时代。

不过，你想要触摸的人，到底是"不是妻子也可以"，还是"必须是妻子"呢？根据你的回答，我会给出不同的答案。如果是前者，那就要解除合约，或者容许妻子也违反合约。妻子可能会讨厌你的触摸，也可能会讨厌你去触摸其他异性。你必须问问她本人的意见。

如果是后者，**与其说这是性欲，不如说这是关系欲。**就

---

① 指日本三大综合性报纸之一的《朝日新闻》。

算没有性插入，肌肤之亲也是表现亲密关系的手段。你有亲近妻子的欲望，妻子却没有，那就是"单恋"了（苦笑）。

不过，妻子变成这样，是不是过去有什么缘由呢？"妻子排斥一切身体接触"，这种关系不是"正常的夫妻关系"。你觉得这就是"夫妻"，你的妻子是否正是讨厌你这种"迟钝"呢？

如果说触摸是亲密关系的证明，那么你首先要向妻子释放信号，告诉她你想亲近她，反省过去，重新和妻子建立关系，不能当了夫妻就放弃经营了。

或者说，这只是一种"触摸欲"？如果是这样，解决方案就更简单了。把自己的小孙子、宠物猫狗等毛茸茸软绵绵的生物抱到身边，尽情揉捏，紧紧拥抱。触摸有体温的柔软生物的乐趣，女性在育儿的过程中能充分体会到，所以有些女性在生了孩子之后，就不想碰丈夫了。试试主动要求照顾孙子这个方案怎么样？你肯定会喜欢的。

28. 无性婚姻让我枯萎

咨询人 | 主妇　35 岁

　　我是一个 35 岁的母亲，结婚 11 年了，有一个小学三年级的女儿，一个幼儿园小班的儿子。我问 45 岁的丈夫："我不是质问，也不是抱怨你，今后准备都不过性生活了吗？"他回答我说："维持现状，做好父母就行了。"

　　20 多岁我生完女儿以后就没有性生活了。丈夫曾经说只要一个孩子就够了，但对此毫不知情的婆婆说："还是有兄弟姐妹好。"婆婆一直怀疑是我的问题，这令我倍感压力。我最后总算说服了丈夫，生了儿子。

　　以前，某位作家曾在贵报纸上写道：**男女关系中最重要的三点是"激情""性欲""亲密"，其中只要有两项还在，就算健康。**这三点我都没有了，每天都感觉未来无望。

　　还有，丈夫虽然说离婚也可以，但我考虑到生活上比较稳定，孩子和家庭很重要，打理花园也是我的兴趣，所以很珍惜现在的生活。

　　我心里想着"我是个母亲"，但看到朋友和兄妹的家庭生活，内心还是会不平衡，心里总会浮现"跟别人比起来，我已经失去了幸福的可能"这种想法。这是最隐秘的问题，让我很难不感到寂寞。我要这样枯萎下去吗？希望您给我一些客观的建议。

【回答】
激情和性欲是人生的醍醐味①

才 35 岁，你就准备接下来半个世纪都过无性生活吗？

30 多岁是性欲最强的年纪，要枯萎太早了。已故的作家森瑶子②以《情事》一书登上文坛是 37 岁。这部小说开头的一句让人印象深刻："夏日已近尾声。"其中还有一句："我想做爱做到自己想吐。"

生活稳定，有家和家人，还有自己喜欢的花园，所以不想离婚……对你来说，"婚姻"是保障生活的财产；但你又想要爱情和性满足，这似乎是多余的要求。因为是孩子的父母，所以要维持婚姻生活，这也算理由充足。但这份合约包含了性的排他性，这就很棘手。

"激情""性欲""亲密"这三点，结婚前有，现在是已经消失了吗？还是说，一开始就没有？丈夫觉得"离婚也可

---

① 原意为佛家妙法，现在日语中意为深奥的妙趣，真正的乐趣。
② 森瑶子（1940—1993），以娴熟描绘都会百态而闻名的日本女作家，1978 年以《情事》一书获昴文学奖。

以"，说明丈夫也失去亲密感了。就算想找回以前的关系（如果以前有的话），显然也很难回到过去。如果以前就没有，那现在就更不可能有了。

那就跟丈夫交涉，把性从婚姻合约里剥离吧，这样就不会有人说你"违反规则"了。夫妻关系里有性生活的义务，如果对方已经"违反规则"，那就容易谈判了。两个人划清界限，这叫"法国式婚姻"。

不过，一般这种谈判在心动的对象出现以后才有进行的必要。你恐怕没有"心动"和"沉迷性欲"的经验吧，你只是羡慕"别人有的东西"。其他夫妻之间是否有爱情和性的满足，不去问他们本人是无法断定的。

"激情"和"性欲"是人生的醍醐味之一，不过代价也十分高昂。有了这种觉悟，从现在开始尝尽人生百味也并不太迟。

29. 性欲太强无法专心学习

咨询人 | 复读女学生　18 岁

我是个 18 岁的女孩，正在复读。现在我很烦恼，怀疑自己是不是性欲太强了。

从小我就对性很好奇，自己也感到不可思议，在自慰时我会很讨厌自己。虽然现在可以理解自己的行为，但会觉得很难为情。不过，最烦恼的，还是性欲太强无法专心学习。

在自习室里还好，在家里就很难专注。成人以后，有很多机会去接触性，但现在最重要的是学习，这一点我很清楚。我喜欢学习，也不想把时间都浪费在性幻想上。

女性跟男性一样对性好奇，性欲强烈，这无可厚非。但我还是个小孩，却一直在想那件事，似乎很不应该。

我还没有过性经验，我觉得不应该轻率尝试，这是否让我的性欲变得更强呢？

我会周期性地性欲高涨。**怎么和自己和平相处呢？**我想听听同为女性的上野千鹤子老师的意见和建议。

【回答】
如果太郁闷就自己解决吧

　　谢谢你点名让我回答问题，这是我的光荣。大家也许觉得我擅长回答下半身问题吧，这就对了。

　　你觉得自己性欲很强？为什么这么觉得呢？你和其他人比较过了吗？

　　每个人都从小对性好奇，这种好奇心还会越来越强。18 岁已经不能算小孩了，不知道跟其他人比起来怎么样，但 18 岁应该是你人生中体力和性欲的高峰。据说男性会在 20 岁左右达到高峰，接下来性欲就会走下坡路。

　　性欲和性交欲是两回事。性欲没有对象也能解决，性交欲是寻求与他人建立关系的欲望，更麻烦一些，没有对方的同意就不能成立。不过，你有的是性欲而不是性交欲，对吧？那就简单了。郁闷的时候，可以自己解决，就像揉揉自己的肩膀一样简单，江户时代 ① 这种行为被称作"自我

① 江户时代（1603—1868）是日本历史上武家封建统治的最后一个时期，又称德川时代。江户是今天的东京。

按摩"。

想消灭自慰的明治[①]人把自慰叫作"自渎"，大正时代[②]的性科学家们把这个词又改成了更温柔的"自慰"。青柳有美[③]把手淫翻译成"人工遂情"，说这样一来"情绪舒缓，头脑清晰"。性行为的好处是总会结束，而且自慰不必担心怀孕，不会给任何人添麻烦，头脑清醒后再去学习不是更能集中精神吗？

性行为有两种，自慰是自己和自己身体的交欢，性交是和他人身体的交欢，两者不能互相取代。不知道怎么取悦自己身体的人和他人交欢，就像是无证驾驶，不得要领。找到取悦自己的秘密，和真实的人性交的时候，就知道质量怎么样了。知己知彼，才能百战百胜。说错了，性交不是战斗。也有人用性来控制和侮辱他人，这也是不解其味。

---

① 明治时代（1868—1912），明治天皇当政的44年。当时的政府积极推行明治维新，此次变革成为日本近代史上的重要转折点。
② 大正时代（1912—1926），上接明治，下继昭和，是日本民主主义和自由主义勃兴的时代。
③ 青柳有美（1873—1945），日本作家、出版人。曾主编先锋杂志《女人的世界》，关于女性、两性的著作颇多。

30. 性欲太强的苦恼

咨询人｜男生　19岁

上野老师您好。

我的苦恼是自己性欲太强了，今年我有场重要考试，但我脑子里想的全是那回事，不能专心学习。

如果光是这样，那也只是自己的烦恼。我的问题是，有时候性欲难以抑制，让我想袭击学校的女生和路上的女性。

小学时我就对异性好奇，但是那时候还没有把她们当作性欲的对象，只是想跟她们亲近。

但是，这一年左右，我从想跟她们亲近，变成了把她们当作性欲的对象，就算正在上课也会心猿意马。在学校里我有自己喜欢的女孩，但不光是对那个女孩，只要一看到有点可爱的女孩，我马上就会胡思乱想，简直没救了。

我每天都在自己解决，但还是很想触摸女孩的身体。这么下去的话，我肯定会被欲望吞没，晚上冲动地去袭击路上的女性。太可怕了。

我知道这是犯罪，但光是自己解决总感到不满足。

要怎样才能压抑这种欲望呢？ 请告诉我。

【回答】
和异性交往十分麻烦

你已经在读《朝日新闻》了，而且还是"烦恼树洞"的读者，真是未来可期。

脑子里充满了对性的好奇，郁闷、焦躁，学不进去的心情，我很明白。不过，明白这一点的时候，我已经是个大人了，我听了男性讲述他们青春期的性欲烦恼才知道。那时我才明白，原来同年龄的男孩子们曾经那样烦恼，男人真是被性欲操纵的生物啊……我甚至充满了同情。男人真是个谜，全身都是作为女人的我不理解的点。

如果是以前的人生咨询，可能会有人劝你多运动、多出汗，来发泄性欲。我就不选择这种逃避式的回答了，而且你已经习惯了"自己处理性欲问题"。令你焦虑的是，无法压抑自己想知道"真正的女孩是什么样的"的好奇。

我听说，男性的性欲高峰是20岁前后，以后就会一直走下坡路。有些精英学校的男学生没有女朋友，不知为什么还说"跟女人交往太麻烦了"。在性欲的高峰期，却觉得这件事麻烦，到底是怎么开始的呢？**首先请你记住，跟异性交往就是件麻烦的事。**光是交朋友就很麻烦，要让她脱掉内衣，那就更加麻烦。**还有你要记住，性行为会生出孩子。**

那么，要回避麻烦又想有性对象，要怎么做呢？你想知道的话也有办法。不知道的事，只能请教知道的人。可以向经验丰富的熟女下跪，请求她和自己做，被拒绝了也不要灰心。我的朋友这么做，十次里面会有一次得手。从前，有的年长的女人会给少年组的小伙子们"开光"（你知道这个词的意思吧）。要是我还年轻的话……不过，绝对不要做对方讨厌的事。在她们的指导下，积累足够的经验，再去向自己真正喜欢的女孩求爱。别忘了带上安全套。

31. 应该怎么给儿子做性教育?

咨询人 | 主妇　30+

我是个三十多岁的母亲,有两个儿子,一个 6 岁,一个 4 岁。

幼儿园大班的长子,对自己所看到的、听到的一切都想问。每天都问我"人死后会怎么样""地球上为什么会有重力",我会跟他一起查资料,简单解释给他听。**前几天他问我"你说我是从妈妈肚子里生出来的,那是从哪里出来的呢"**。我想蒙混过关:"到底是哪里呢?"他说:"你自己生的我,怎么会不知道?"

兄弟两个打架的时候,有时长子会用力地用脚去踢小儿子的裆间,小儿子吃痛。我会说:"男孩的胯下是很重要的地方,吵架的时候也要当心不要碰到。"于是长子就会问:"小鸡鸡是尿尿的地方,所以很重要,这个我懂,但是下面的蛋蛋有什么用?"我说:"长大以后这里是播种小宝宝的,所以很重要。"第二天就有人告诉我他把这话告诉了小伙伴,让我很是尴尬。

如果他们有姐妹，不知不觉就会明白生理方面的事。但作为家里唯一的女性，我要是不说，他们对这方面一无所知，或是越掩饰越往奇怪的方向发展，那怎么办？我很担心。应该怎么回答呢？

【回答】
大人更需要性教育

不知道为什么问我的都是生理方面的问题，是不是我多心了？

这个问题的答案很简单，**你要尽早把正确的性知识教给儿子**，6 岁、4 岁并不嫌早。爸爸的男性性器官和妈妈的女性性器官结合，就会受孕怀胎，小宝宝慢慢长大，从妈妈的双腿间生出来。

如果不这么做，你儿子的性知识就有可能从以下三种途径获得：

（1）孩子之间的传言。很可能错误百出，还都是不敢大声说的悄悄话。

（2）大人扔下的周刊、杂志等媒体上的黄色内容。也是错误百出，还充满偏见。

（3）网上的成人网站、租借的成人录像带。这些问题更多。天真的孩子记住"颜射"这种词是不是更糟糕？

这三种途径哪个更好呢？如果觉得都不好，那就好好告诉他们正确的性知识。**如果自己不好意思说出口，这个世界上还有针对适龄孩子的性教育绘本和书籍，可以读给他们听。**

记住一定要告诉他们，爸爸妈妈是因为相爱才会有性行为，性能带来快乐，你来到这个世界是受欢迎的。告诉他们，性行为会生出孩子，如果不想生孩子，那就要做好防护措施。还要教育他们，不管何时都要征求对方的同意，没有经过同意的性行为是犯罪。

有了正确的性知识，你儿子会指出小伙伴之间错误的性知识："这个不对。"从而得到小伙伴的尊重。我有点啰唆了，再强调一次，正确的性知识很重要。身为母亲的你首先要有正确的性知识，而且不要羞于说出口。实际上，许多大人更需要性教育。

32. 跟妻子做事，女儿看到了

咨询人 | 男性　46 岁

我是个 46 岁的男人，在公司工作。

我的烦恼在我这个年龄来看非常羞于说出口……**我和妻子做爱的场面，被中学一年级的大女儿看到了。**

那是之前某个星期天的事。

大女儿跟朋友一起去滑雪，本来计划要一直到傍晚才会回来。

我和妻子就放松了警惕。

但是，带她去滑雪的朋友父母的车坏了，所以大女儿比计划早回来，目睹了我们的做爱现场。

从此以后，大女儿再也不跟我们聊天了。就算我们跟她说话，她也尽量少说话，只会回答"是"或"不是"。

在这件事的影响下，我和妻子也渐渐没有了性生活。本来从年纪来讲，我和妻子的性生活应该也会渐渐消失，这件事倒是其次，女儿的问题更大。

青春期的女儿应该受到了很大惊吓。**今后，我们应该怎么抚慰女儿的心灵呢？**

如果你有什么好办法，请告诉我们。

【回答】
这是性教育的绝好机会

哎呀，现在这个时代，还有这种令人不禁微笑的经典烦恼啊。中年夫妻趁着女儿不在家在床上努力，却正好被撞见。到了这个岁数你们还热情依旧，真是令人羡慕。

你说和妻子的性生活就此结束问题不大，这是真心话吗？40岁、50岁的男性，还不需要伟哥助力。女性的40岁，老话里都说是性欲高峰。比起有爱无欲的夫妻，或者有欲无爱的夫妻，你们有爱又有欲，请尽情品尝人生的甘蜜吧。

房间太小会被孩子看见，所以要趁孩子不在的时候做？在以前的时代，要避开公婆的耳目有种种不易。现在要避开孩子，如果住宅条件实在太差，还可以去情人酒店。

女儿已经是中学生了，父母做了什么才生出自己，她早就知道了吧。女儿受惊，是因为父母一直在她面前隐藏性欲望。你女儿也不可能这辈子都不做爱，总会有这一天。那时候看，今天的烦恼就是笑话了。青春期的女儿受惊，只是一时的，因为这个原因就停止性生活，太可惜了。

那么，应该怎么面对女儿呢？这是绝好的机会，就当给女儿做性教育的机会到了。那怎么开始呢？就把"烦恼树洞"剪下来，放在妻子和女儿能看到的地方。如果女儿说"爸爸，你好变态"，你就告诉她"爸爸妈妈相爱，你才会生出来"。后面的谈话如果还是害羞地张不开口，那就交给书本，装作不在意地把适合十几岁孩子的性教育书放在她跟前。比如中山千夏的《身体日记》这种专为女孩子写的指南，也有老一点的，女性用自己的话讲述性体验的《爱的报告》，现在也不过时。给女儿读之前，你们夫妻可以先读一遍，真正需要性教育的是大人。对了，还有一本书，村濑幸浩写的《怎么和孩子谈性》也很不错哦。

第五章

婚姻之外的

情欲

33. 无法拗断跟 30 多岁男朋友的关系

咨询人 | 主妇　70 岁

我是个主妇，已经 70 岁了。10 年前，我认识了现在 35 岁左右的理发师，就此交往到现在。

他很能干，20 多岁就成了店长，现在经营着好几家店铺。

一开始他很纯情，我真的喜欢他。每周约会一次，每次都会给他买衣服和配饰，他生日时会送 10 万日元以上的礼物，给他的礼物一年要 250 万到 300 万日元[1]。

他有过两个女朋友，不过这 7 年来只有我一个人。他一个人贷款买了公寓，不管我怎么要求都不带我去他家。

还有，车坏了跟我借 27 万日元，说是发工资后一点点还给我，但后来就装作忘记了。我们俩的关系只到接吻，没有进一步发展。

---

[1] 人民币 1 元约等于 20 日元。

我有个 70 多岁的老公，人很不错，生活别无所求，不过，**男朋友太帅了，看见他心就怦怦跳。**现在我每周去一次他的理发店，每次待一个半小时。他不给我打电话，只想去买东西，我很不满，但无法拗断跟他的关系。我们两人之间已经十分亲密，他不主动分手，我就无法分手。

　　我看起来只有 50 多岁。我觉得还是跟他拗断最好，应该怎么做呢？

【回答】

把他当成宠物就不会生气了

　　有个漫画叫《你是我的宠物》。故事讲的是一个男孩意外闯进一个快 30 岁的职业女性家里，女人把他当宠物那样照顾。

　　你已经 70 多岁了，对方只有 30 多岁。这种年纪差，把异性当宠物饲养，一般是男性对女性做的事。这种事说出去大家会眼红吧。把对方当作宠物的话，就不会生气了。虽说你是一个主妇，一年花在宠物身上的钱有 200 到 300 万，我真羡慕。**宠物只有在喂食的时候，才会待在主人身边，你深知这一点，所以才不惜工本。**有人为了锦鲤可以花几百万日元，没有保险的宠物的医疗费可能要花上几十万日元，你把他当成成本高昂的宠物就好了。

　　本来，宠物只是看了开心，有它的陪伴就高兴，除此以外没有什么用处，**向宠物寻求回报只会失望。**你并不向他寻求性关系，也不会离婚跟他再婚，不时相见，欣赏他的美，让他帮你做做发型，做做皮肤护理，花点小钱也不会影响家庭。你没有借高利贷，也没有跟丈夫起冲突，把这当作生活里的甜点，根本没有停下来的理由。不过，你的男朋友，不想发展接吻以外的关系，也不隐瞒自己有爱人，不带你去他家，不让你抱有结婚这类不切实际的幻想，也不会像男招待那样无止境地求取钱财让你出现经济问题，你花掉的钱也还算有限，所以也不算感情诈骗。

不过，你还是很痛苦吧？你觉得这种关系还是拗断好，所以你还是需要对方的回报。花出去的钱你都记得一清二楚，因为你把这当成一种投资。投资就会期待回报，你希望他回报什么呢？性，还是爱情？

要当宠物主人，就要会控制、懂宽容，那是主宰者的美德。没有这种品质，就没有资格当主人。

34. 年轻男孩好可爱

咨询人 | 医院工作人员　女性　45岁

我是个 45 岁的已婚女人，有一份全职工作。

最近，我觉得年轻男孩太可爱了，让我难以控制自己。

大学男生和高中生女儿的男朋友们都很可爱。我在医院做前台，一碰到帅气的患者，我就会马上跟他搭话。现在还没有人对我表示出厌恶，我就更想攀谈了。

艺人里面我喜欢岚①。他们出场的节目我一定会录下来，看好几遍。去理发店，因为想见我的理发师，会多去好几次。

再照照镜子，就算有人拍马屁也不会说我的脸漂亮，为此我常常陷入沮丧。但是，我常常幻想跟可爱的年轻男孩一起喝茶，那多高兴啊。

以前我对男性完全没有兴趣，现在也和老公常年无性。

---

① 岚（Arashi）是日本杰尼斯事务所旗下的男性偶像团体，由大野智、樱井翔、相叶雅纪、二宫和也、松本润 5 人组成，于 1999 年发行首张单曲正式出道。

不过，我们的夫妻关系很好。

这样下去，恐怕我会真的邀请年轻男孩子去喝茶，真害怕。我一边装着冷静，一边抓住跟年轻男孩说话的机会。

这种感情，随着年纪增长，会慢慢淡薄吧，还是会越来越强烈呢？

怎么办呢？请给我好的建议。

【回答】
当个有趣的阿姨就好了

我的朋友即将喜寿（77 岁），她也是岚的狂热粉丝。买 CD 和 DVD 自然不在话下，演唱会也是必看。

意识到自己年华逝去，不管男女都会觉得年轻人看起来鲜活耀眼，这很自然。跟想要与年轻女孩约会的大叔一样，想跟年轻男孩说话的阿姨，也可以理解。我看到学生光泽照人、充满弹性的肌肤，也很想抚摸，要拼命按住自己的手。

想跟年轻男孩约会？完全没关系。这种感觉随着年纪增长会变淡吗？不会，会越来越强烈。如果年轻人觉得能获利，或许会答应。被大叔性骚扰还不敢反抗，面对阿姨的邀请不一样，对方如果讨厌，顶多不会回应。

阿姨可以带男孩看未知的世界，可以请男孩吃没吃过的东西。看到年轻男孩子在自己面前大口大口吃饭的样子，也很可爱，这种时候会觉得不管花多少钱都愿意。这跟大叔的快乐一样，只是这种程度的话，偶尔尝试一下也不错。

不过，不要产生幻觉，觉得对方把自己当异性看待，这就跟大叔的幻觉一样。其实漂不漂亮对方并不在意。就把他当作隔代的朋友，自己扮演有趣的阿姨，堂堂正正跟他打招呼，找他喝茶吧。

也许，不久对方也会约你去看他喜欢的足球比赛，或是教你用电脑。不同文化背景的体验，对你们双方来说都会很有趣。如果你没有女儿，可以把他当你的假儿子。

我担心的是，你自己主动写了"和丈夫无性"。你不会是在寻求夫妻关系的补偿吧？**之前对男性没什么兴趣、对恋爱免疫的中年女人如果为年轻男人疯狂，后果可是毁灭性的，**一定要注意。

隔代朋友关系的秘诀，是要做好心理准备，自己给出去的东西不需要对方返还。献出自己的金钱、精力、时间，做一个宽容明事理的阿姨，就会拥有各种各样的朋友。

35. 爱上了舞台上的人

咨询人｜女性　30 岁

我是个 30 岁的女人。

面对异性，我很胆怯，总是爱上电视里或者舞台上的人物。

高中的时候，我经常去看一个乐队的现场，喜欢上了一个乐队成员。为了去看现场，我去打工，打扮自己，后来喜欢的对象变了，这种习惯也持续到现在。我会给喜欢的对象写信，还会送礼物。

如果我说想跟对方"交往"，周围的人会敦促我"面对现实"。**但是，跟现实中的异性讲话，用朋友的话来说，我都"像是在吵架"。**我自己的感觉是，一紧张就会语气生硬。

很少有人会喜欢像小学生一样幼稚的我吧，我一直这么想。就算喜欢上别人，也会后退。

小时候，一直跟我玩的朋友很受男孩子欢迎。但是我很胖，记得有人叫我"猪妹"。因为这样的经历，以前正常交往的异性，我也不敢跟他说话了，现在也几乎没有异性朋友。

是否要像现在这样，对舞台上的人物单相思，一辈子单身？我感到有些不安和寂寞。

【回答】
有没有男人都没关系

你的烦恼是这么下去，会变成剩女，成为孤家寡人吧。

没关系。我就是一个资深剩女，也是个骨灰级的单身主义者，我会站在你这边，不用担心。过去三十年，没有男人，你也过来了，今后三十年，没有男人也能过下去。因为你有三十年"没有男人"的经历。到那时，你的朋友一大半应该也都是一个人，**人不要去追求自己不需要的东西。**

喜欢乐队乐手？没关系，"舞台上的他"会欢迎你，你更可以投入了。"想交往"？现在年轻人说的"交往"是指"想做爱"吗？如果对方真的提出要"交往"，你准备怎么办？准备接受吗？还是不要吧，玩弄自己粉丝的自恋男，肯定会让你幻灭的。

歌手、运动员是因为站在舞台上才有光环，从舞台上下来就是个普通人，有些人比普通人还差。你只是被他们的光环吸引，从舞台上下来后，你可能会发现那是另一个人。

对艺人和明星的向往，总有一天会厌倦。追星的好处是厌倦的时候没有换对象的风险和代价。如果是真实的男人，要分手就有风险和代价。

我还注意到，关于工作你一字未提。30 岁如果不准备结婚，就要考虑人生规划了。好好工作，好好交养老金，贷款买一个自己的小房子，珍惜同性朋友，给单身生活做好保障吧。不去相亲也能给自己的生活打好基础。有男人好，没有男人也好。有些男人有了更好，有些男人没有更好。你说话"像吵架"，说明你太在意对方。能做朋友固然好，不能做朋友也没关系，这样想的话，就会放松下来跟异性打交道了。

36. 跟 33 年前分手的恋人重逢

咨询人 | 主妇　50+

我是个 50 多岁的主妇。

我和 33 年前分手的恋人重逢了。当时我们准备结婚，但太年轻了，双方有误会，我最后跟其他人结了婚，远嫁他方。丈夫知道他的存在，但不知道我现在还想着他。孩子们已经独立了，我们夫妻二人过着幸福安定的生活。

但是，我并没有忘记他，12 年后再次回到家乡，我们又恢复了联系。他也很高兴，像学生时代那样露出发自内心的笑容，聊起往事十分开心，6 个小时一眨眼就过去了。

两个人都婚姻幸福，有自己的生活，所以决定不伤害任何人，把感情深藏在心中。但两人都希望下次还能相见。

与其说是异性，不如说我们更像亲人，是什么都可以分享的伙伴。生活对我们来说变得更新鲜了，我们也变得更温柔，会鼓励对方的工作。虽然相隔遥远，不能见面，但我们约定要不时发邮件、打电话通报近况。我很爱自己的家庭，有了这份感情，觉得很对不起温柔的丈夫。这是对各自配偶的背叛吗？换位思考，我不会高兴。心一点一点远离，这样做对吗？

【回答】
把它当作岁月带来的礼物

　　和过去的男朋友重逢，真棒啊。33 年，真是漫长啊。一般都会为对方的改变（自己的变化先不说）而沮丧。互相没有失望，反而找回了过去的感觉，真是羡慕啊。

　　爱丈夫，爱家庭，爱 33 年间自己的过去，你有了新的邂逅，为什么要用"背叛""愧疚"这些可怕的词来形容呢？如果换成你丈夫，你会责备你的丈夫吗？

　　在人生的黄昏还能有邂逅和再会，是一种上天的恩赐。如果不想再重新组建家庭，不想换老公，就当作多了一个亲密朋友好了。**结了婚的女人不能交异性朋友，这是谁规定的？**人类的一半是异性，如果把这一半人口都排除在朋友关系之外，好像太可惜了。

　　完成了育儿工作，还有漫长的老年。再次出现男女一起成长的交友关系，并不奇怪。已经有亲密的朋友，再增加一个也不多，只不过对方是异性。

　　新交了一个好朋友，就要特地去跟老朋友报告，没有这样的义务。所以也不必去告诉丈夫。你开心幸福，对双方来说就是最好的。

妻子老了以后交友圈广阔，这样就嫉妒和妨碍妻子的丈夫气量很狭小。换过来说，如果你妨碍丈夫包括异性在内的交友关系，也是小气的行为。难道你傲慢到认为丈夫只要有你就会幸福满足吗？

还有，不要因为一次两次的重逢就忘乎所以，33 年的岁月肯定改变了你们。再多一点深入的了解，就会看到你们两人在过去生活中的沉淀和变化。

如果在此之上你们还能培养出成熟的友情，那就把它当作岁月带来的礼物好好享受吧。自己能享受如此丰富的体验，应该也会希望丈夫能品尝同样的体验吧。

37. 在婚外有喜欢的人，
但还是很寂寞

咨询人 | 已婚女性　40+

我已经四十过半，有老公和两个女儿。有一份全职工作。

第二个孩子出生后我就和丈夫成了室友，生活还算正常，但已经连手都不碰了。我们看起来是很正常的家庭，但互相之间已经没有了爱情，恐怕连关心和在乎都没有了，不过我们应该会一直过下去。

有个老同事，比我大9岁。现在我们不在一个公司上班，他是单身赴任，可以自由发短信。有机会我们会一个月见一次面。

他的家庭关系也很冷淡。因为有孩子，应该不会离婚，也不能结婚。他很在乎我，生日礼物从来不会忘记，去出差也会带小礼物回来，温柔又聪明。我们已经交往了8年，他为我做了能做的所有事。

然而，我还是很寂寞。接下来我们的关系会照旧持续下去吧，我并不想离了婚再结婚。反而是现在的状态更好——**只会给对方看好的一面，享受好的一面。但还是寂寞。**没有经济上的担忧，现在大家在健康方面也没什么顾虑，但有恋爱就会有烦恼，这似乎是人生逃避不了的。这种寂寞无法治疗吗？我想问问上野老师。

【回答】
一旦恋爱就会品尝到孤独

谢谢你的点名，我感到很光荣。我不喜欢用"不伦"这个词，我就叫它"婚外恋"。

对，婚外恋是很孤独的。无法对人诉说的恋爱，肯定是孤独的。你瞒着丈夫，也不能一切都依靠恋人，就只能自己承受。如果不能忍受这种"孤独"，就不要搞婚外恋，**婚外恋是懂得分寸的成人的特权。**

幸好你的恋人似乎也是拥有这种资格的成熟人士："一个月一次"的相逢，负担小，不会忘了生日，出差还会带"小礼物"。他尽了自己的最大努力，也就是说他有分寸，"再多的事不能做"。你说他"温柔又聪明"，指的就是对方从不越线、很懂分寸吧，这种分寸应该让你很焦虑吧？所以才坚持了 8 年。

如果不能忍受寂寞，就选择互相毫无隐瞒的简单关系。放弃家庭把恋人变成老公，恐怕他不会配合，就算这么做也只会回到开头。等待会更寂寞，最后还会失望。

你所苦恼的并不是"恋爱"。不以结婚和家庭为终点，不准备独占对方的成人的恋爱，一定是孤独的。**人不是为了治愈孤独才恋爱，而是因为恋爱，才能在心底默默体会旁人无法体会的孤独。所以，短暂的相聚才会像黑暗中的星星一般闪耀，**这些你还不知道吧？

　　"有治愈寂寞的方法吗"，你这么写，其实你已经知道答案了。是的，没有办法。孤独会让你的人生更有深度。你的丈夫想必也很孤独。不爱丈夫，也要好好对他，让他也要好好对待你。（你已经说过了。）两个孤独的灵魂在这8年间互相抚慰，今后也能继续下去吧，请好好享受这份幸运。

38. 想跟前女友这个 "朋友" 结婚

咨询人 | 男性　27 岁

　　今年春天，我找到了第二份工作。我 27 岁，男性。我现在有在几年内结婚的打算，结婚对象是我从学生时代就交往的前女友。

　　两年前我们重逢了，正在重新发展我们的关系。她有男朋友，但在考虑分手，对此还是很有把握的。

　　我的婚姻观是，与其跟 "恋人" 结婚，不如跟 "有爱的朋友" 结婚。我的父母虽然是恋爱结婚，但母亲多次出轨，我中学的时候，他们离婚了，这给了我很大影响。"恋人之间只要热情冷却就结束了，朋友就算热情冷却也能一生相伴"，这是我形成这种婚姻观的原因。

　　进入社会后，我怀着这种想法跟女性交往。结果，我又找回了相处愉快、很像朋友的前女友。

　　不过，跟关系好的朋友（女性）讲我的想法，她们都无法理解。而且最近，在旅行时，我在新的公司里也遇到了新的女性。"我喜欢女人，跟相处舒服的前女友结婚，结果也不一定好吧。"我会有这样的担心。

不过，我还是很焦急，想早点把前女友从她男友那里抢过来，跟她结婚。你觉得我应该怎么办呢？

【回答】

你的婚姻观和她一样吗？

恋爱是非日常，结婚是日常。从恋爱开始的婚姻，要把恋爱转变成友情，实现软着陆，就像给燃烧沸腾的原子炉开动冷却装置，让它不至于融化。这种转变很难，所以有一种婚姻观认为"婚姻是人生的坟墓"。

在某些乡下的结婚仪式上，看到海报上写着"开始最后的恋爱"，我不禁苦笑。恋爱的心动、雀跃，脑内释放多巴胺的非日常的快感，让人上瘾。年轻时就喜欢恋爱的人，以后也会喜欢恋爱。因为结婚，这就成为"最后的恋爱"，不可能吧。

比起"恋人"，更希望跟"有爱的朋友"结婚，你的婚姻观很理智也很现实。

你母亲的出轨给你带来了阴影。我不喜欢说"出轨"这个词，就用"婚外恋"吧。结婚前后、婚外都有恋爱，只有婚姻中没有恋爱。这是恋爱结婚永远难解的自相矛盾。

问题是，你的结婚对象的婚姻观跟你一样吗？如果你们两人都同意"婚姻不是恋爱，而是友爱的结合"那当然好，但如果对方的婚姻观是"结婚是恋爱的延长"，那么她结婚后马上就会幻灭，去寻找其他的恋爱对象了。如果她不想付出一再更换对象、重复幻灭的代价，那就会转而认为婚姻是婚姻、恋爱是恋爱，在婚外寻找恋爱的对象。娶这样的女人为妻，就要容忍妻子的婚外恋。你很怕这一点吧，因为你怕自己也会这样。

不过，你的前女友现在有男朋友，你想把前女友抢回来，陷入了进退两难的境地。抢夺需要非日常的能量，接近恋爱。

不过，有友情的话也不错。恋爱是排他性的，友情则不排除第三者。喜欢的人多了一个朋友，也不会嫉妒，如果你们的友情到了这个地步，那就安心选她吧。要相信你们的友情不会因为恋爱被破坏。

39."婚外恋"只是一种欺骗

咨询人 | 学生　19岁

我是个19岁的学生，想探讨一下"婚外恋"这个问题。

这个词是"不伦"的委婉说法，美化和逃避不道德行为产生的罪恶感，我很怀疑有人会认为这是一个正面的词。

我并没有对婚姻这种制度、契约怀有少女式的幻想。但契约就是契约，跟自己的配偶相处不好，感到疲惫，就想去找别人散心，**那也应该在结束一段关系后再进入下一段，这不光是恋爱，也是人际关系的规则。**

有一个家庭，有爱的责任和守护家人的义务，却跟无须共同承担风险的另一个人享受非日常的快乐。不从恋爱和婚姻的角度看，光作为人类行为来看，也让人背后一凉。

道德这个词听起来很陈腐，法律和学校教的道德之外，有很大一片复杂的灰色地带，但还是应该努力划出一条不可逾越的界限，现在的人在逃避这种界限。我的父母说，要在我和姐妹成人后享受美好人生，但也说"千万不要搞不伦"。他们说："要搞的话，先告诉对方要离婚。"我想请对"婚外恋"持肯定态度的人来回答这个问题。

【回答】
无法遵守的契约
本来就是不自由的

　　我就是被认为"对婚外恋持肯定态度"的上野，你的问题由我来回答。我能感觉到你年轻的愤怒和洁癖，你的愤怒是有道理的。既然已经缔结了契约，却又若无其事地破坏契约，你的愤怒对象是那些厚颜无耻的大人们。

　　在现代社会，结婚是成年市民之间的契约，其中除了包含相互扶养的义务，还有不和契约者以外的人发生性关系这一项。和契约外的第三者发生性关系就视为破坏契约（离婚）的理由，在法律上还会成为向对方要求赔偿的依据，这就表明这一点是包含在婚姻契约里的。所以我对婚姻的定义是这样的：

　　"把自己身体的性权利终生排他性地交付给某位特定异性。"

　　这样的契约，你能遵守吗？在已婚者里面，有人把违反契约当成平常事，也有很多人高估了自己，签订了这种一开始就很难遵守的契约。你是否无法容忍这样的情况？我也有同感。至少，我很害怕这种契约，所以没有缔结。就算约定了也不大可能遵守，索性不要约定，我太诚实了吧（笑）。

为什么现代社会建立在这种无法遵守的契约之上？你不觉得奇怪吗？想找出答案请进入性别研究的领域。

那么，用来判断是否违反了契约的"界限"，又是什么呢？和配偶之外的异性一起喝茶就 OK？吃饭呢？接吻呢？上床呢？没有感情的性行为可以吗？还是说没有性行为的恋爱是可以的？每次都要跟配偶报告，取得许可吗？……**允许或不允许，控制他人的感情和欲望，这种契约多么不自由啊，越听越觉得无法遵守。**

那么，就请违反了契约的人都解除契约，这是你认可的解决方法。

但是，性行为的对象，没有必要一个一个向国家登记并缔结契约对不对？这样一来，就没有"婚外恋""不伦"了，只要登记亲子关系就够了。这是针对你的问题最根本的解决方案。

第六章

不爱自己的

我

40. 生活贫穷，没有朋友

咨询人 | OL①　39 岁

　　我是个 39 岁的 OL，进公司 20 年，还是很穷。一直想辞职，但还是做到现在。公司的业绩不怎么样，虽说是正式员工，但一个月到手只有 16.2 万日元，没有奖金。我住在父母家，每天上班单程要花 1 小时 40 分钟。

　　因为很穷，在每天的通勤路上衣服就变得皱皱巴巴的。在换衣室换衣服也很痛苦，我不想被人看见软塌塌的外套和皱巴巴的裤子，就每天选没人的时间换衣服。冬天就在大衣下面穿着制服去上班。

　　中午的便当也很寒酸。我不想让人看到没有菜的便当，不能在休息室和自己座位上吃，只要是晴天，不管是大夏天还是大冬天，都在外面，跟麻雀作伴。下雨就不吃。

　　不管有什么境遇，都不要失去自我，要开开心心活下去。**但是这样的生活持续下去的话，我怕自己会崩溃（可能**

---

① 英文 "Office Lady" 的缩写，一般指 "白领女性" 或者 "办公室女职员"。

已经崩溃了），真可怕。生活贫穷，要从牙缝里省钱，也没有好缘分找上我，每天都很不开心。当然，我也没有朋友。

还是说，我应该更强硬，不管其他人说什么都无所谓呢？还是跟其他人一样，穿上好衣服，吃跟别人一样丰富的便当，跟别人有更多交流更好呢？

【回答】
没有"崩溃"的自己值得夸奖

你根本没有"崩溃"。

一直想辞职，上班时间那么长，还在这样的公司里上了 20 年班。过着朴素的生活，衣服和食物都不舍得花钱，认真坚强地生活着的你，在现在这个时代是珍稀动物。

高速成长期以前的日本，像你这样的人并不少见。但如今阶级差距变大了，《蟹工船》[①] 又再度流行起来。你过着逆时代的生活，却可能是落后一圈的顶级赛跑选手。

虽然工资不高，但也是正式员工，就不会像派遣员工那样忽然失去工作。不用值夜班，不用加班，就能拿到 16 万日元，比看护的工作条件好。还跟父母住在一起的话，比单身母亲家庭好多了。

我并不是在教训你，叫你往低处看，满足现状。

---

① 《蟹工船》是日本作家小林多喜二 1929 年创作的小说，揭露了渔业资本家和军队对渔工的残酷剥削，是日本现代文学史上的无产阶级启蒙之作。

你真正的烦恼是什么呢？是贫穷吗？还是比不上别人？还是工作无聊？每天不开心？结不了婚？跟其他人无法交流？

你自己说是不是"穿上好衣服，吃跟别人一样丰富的便当"更好，如果你真的穷的话，就无法选择吧。还是说，你想这么做，也不缺钱，但自己选择过得小心翼翼，把钱全存起来了呢？

还是把自己能力之内和能力之外的事分开吧。

如果想打扮自己，可以去买旧货，或是买些快时尚的衣服，少花钱也可以变时尚。现在还有人吃只有梅干的干饭，真是令人吃惊，晚上多做点菜也是可以的吧。

你一边在乎他人的眼光，一边又不想跟别人一样，已经是很"强硬"的人了。跟其他人交流的途径，并不是服装或者便当，你肯定不是真心想跟其他人有交流。如果你的公司不需要很多交流的话，倒是很适合你。

工作是为了收入，并不是为了意义。如果没有更好的工作机会，就算被人讨厌也要待在这里。工作了 20 年没有崩溃的你，值得夸奖。

41. 25 岁了，为没人爱我感到不安

咨询人 | 公司职员　25 岁

我是个 25 岁的女性。

我出生至今，从来没跟男人交往过，也从来没有人对我表白。

我的容貌不算可爱，可是说是普通，我很注意穿着和化妆。经常有人说我身材好。我性格也不错，周围的人都说我很温柔。我会送给公司的人自己做的点心，做饭、打扫卫生也擅长。

我并不是希望所有的男人都围着我转，只是希望有一两个对我表示好感的异性，普通程度的受欢迎就好。但是，我完全没有异性缘，这让我自己也觉得不可思议。在恋爱这方面，我是不是被诅咒了？我甚至想，是不是应该去神社驱邪。

我每天都在努力，想成为会让异性主动搭讪的人。我还订了关于恋爱的杂志，读过好几本恋爱书，研究男性心

理，练习男人喜欢的举止和言行，对外表也很注意，进行了各种努力，让自己变得更可爱。

但是，没有任何效果。到了 25 岁，我还是没有任何与异性交往的经验，以后会怎么样呢？每天我都怀着疑问、不安，十分自卑。为什么我不受欢迎呢？

【回答】
你的错觉让异性远离你

25 岁来咨询怎么才能受欢迎，这样的烦恼很常见。不过，我只能说，这一切都是你的错觉。

"对自己有好感的异性"有一个也好，你这么说。那么 25 年间，有没有一个"对你有好感的异性"呢？生活不是歌里唱的那样，女人要打扮成花一样等待，男人就像蝴蝶一样飞过来。你难道真的以为，容貌、家务能力、自己亲手做的小点心，会吸引来男人吗？

你的期望到底是恋爱还是结婚？不恋爱也可以结婚，如果结婚是目标，那就不要希望"受欢迎"，专心走相亲路线就可以了。

如果希望异性对你感兴趣，首先你自己要对别人感兴趣。**对别人没兴趣的人，别人也不会对你有兴趣。不管对方是男人还是女人都一样，这是人际关系的基本。**到现在为止，有没有哪个异性引起了你的兴趣呢？这恐怕才是问题所在。这样一来，你的问题就变成了："25 年来，我从没对一个异性有好感，应该怎么办呢？"异性并不是一个整体，每个人都有区别，也不是谁都能成为你的对象吧？目标未定的你，当然无法找到对象。

我更担心的是，你是不是"没有朋友"的那类人，不管男女。对照着恋爱手册操作的女人，异性都会躲开，同性则会投来鄙视的目光。

我的回答很简单。**到现在为止，从没有对异性有兴趣的你，其实是对男人没兴趣。**这不算什么缺点，只是事实。承认这个事实——我就是对男人没有兴趣，那就放弃无用的努力，活得更轻松点。

到了这个年纪，你已经这么多年没有男人了，就不要自己看不起自己。**以后你也不需要男人，保持自信更好。**

42. 被人说"感觉差"

咨询人｜女大学生　22 岁

我是个 22 岁的女大学生。

最近，妈妈经常说："你性格变了，给人感觉很差。"

我倒没有这个感觉，反而在性格方面有人提醒我就尽量改正，而这句话让我很受震惊。

明年春天，我会进某研究生院社会学系。**深入思考、分析事物是我的习惯，这似乎给日常生活带来了不好的影响。**

据母亲说，我本来性格洒脱，不会为小事烦恼，最近不管发生什么都理由一大堆，很难搞。

确实，我跟母亲的争论变多了，以前我会不作声，道个歉，现在会争吵起来。

以后我要进研究生院，在那里，我要更有逻辑地思考事物，进行激烈的辩论，我爱争论的一面会更严重吧……这让我更不安了。

我尊敬的人物是松下幸之助①那样的人，人生目标是变成"让人感觉好""有爱心"的人。怎么才能改掉让人讨厌的爱争论的习惯，向自己的目标更近一步呢？

---

① 松下幸之助（1394—1989），20世纪的实业家、发明家，日本松下电器的创始人，被称为"经营之神"。

【回答】

"让人感觉好"
跟"有爱心"不是一回事

职业和专业会塑造人的性格。确实，以社会学为专业，性格会变差，我就是一个例子（笑）。**怀疑世人认为理所当然的真理，对别人相信的事总是留有余地，总在寻找表面背后的真相，这是社会学学者的习惯。**容易相信别人的人，性格好，招人喜欢，但不适合当社会学学者。

有"深入思考和分析事物"的习惯，有"喜欢讲道理，很烦人"的性格，有异议就会"争论"，你很适合研究社会学。注意细节，就能进行细致的讨论。**比起"洒脱"的性格，有韧性，对一个问题紧追不舍，这种在意和执着很重要。**

"爱争论的一面会更严重"，有什么不好？女人爱争论，男人就不喜欢了，是担心这个吗？没关系，人各有所好。世界上也有男人喜欢爱争论的女人，而且恋爱是超越理性的，不必担心。

你人生的目标是变成"让人感觉好"的人？你希望谁

"感觉好"呢？不可能所有人都对你"感觉好"。你也没有必要让"感觉差"的人对你"感觉好"。"感觉好不好"，不光跟性格有关，还跟人际关系有关。有感觉好的关系，也有感觉不好的关系。只要活着，就难以躲开感觉不好的关系。你会跟父母争论，说明你已经长大成人了。

你的"有爱心"，并不是真正的有爱心。**你希望大家都对你"感觉好"，这只是"爱自己"，不放弃这种低水平的"自爱"，就不能变得真正"有爱心"。**如果想为社会大众的利益服务，有时候难免要做对方不喜欢的事。光是"感觉好"不能实现"爱心"，这点请牢记在心。被周围的人当成怪人，被讨厌，自己利益受损也毫不屈服，揭露核电危险的人的行为，才叫作"有爱心"。

这么看来，你还是适合学社会学的。我很期待，1年后能遇见你这个崭露头角的社会学学者。

43. 为了关心社会

咨询人 | 女性　31 岁

我是个 31 岁的女性。最近，我经常在想"关心社会是怎么一回事"。

说来不好意思，**到了这个年纪，对我来说最重要的关心事项，还是"我自己（或是自己的利益）"。** 现在也没有变，我对自己的这种状态有一种危机感。

自从 3·11 地震以来，我总算对自己以外的事有了兴趣，开始看以前从来不看的报纸的社会版、政治版、国际版等。

但是，时间一长，"保持兴趣"的动机越来越弱，我又再次回到本来就狭小的自我世界。 最初我开始意识到"关心社会"的重要性，是因为我觉得"不关心社会"会对社会造成危害。

我认为，现在核电、冲绳基地①等问题之所以会成为问

---

① 指冲绳美军基地，驻扎了大约 2 万名美国士兵，占驻日美军数量的三分之二。

题，原因之一就是我们普通人一开始"不关心"。

　　"烦恼树洞"的老师们对社会问题很关心，也在积极地推动社会发展。我这样没有什么社会敏感性的幼稚鬼，想要持续关心社会，应该怎么做呢？

【回答】
重视自己的利益很必要

真是很棒的问题。"对自己来说最重要的关心事项是自己的利益"，31 岁就了解到这个真相的你，真是有智慧。对，你的想法是对的。我反倒觉得你对自己的利益重视不够。

3·11 让你忽然"对自己以外的事有了兴趣"？应该是反过来吧，你是因为 3·11 才开始认真考虑自己的利益吧。地震、核电都不是跟自己无关的事。如果你对放射能源污染敏感，买测量仪，不再信任媒体，读核电相关的书……这都是为了你自己。

这么说来，法国和日本发布强化核能安全共同宣言，与其说是为了日本的利益，不如说是为了输出身为核能源大国的本国核能技术。美国把日本置于核武器保护伞之下，也不是为了守护日本国民，而是美国的远东战略的一环。**不管哪个国家，不管哪个人，都在为"自己的利益"行动。**

自己的利益和世界是相关的。 买了股票，就会为国际经济动态亦喜亦忧，去国外旅行也会注意汇率的变化。

你所说的"自己的利益"，并不是真正的"自己的利益"，只是"停止思考"。**因为太麻烦，所以不想再思考……那其实是在粗暴地对待自己。**停止思考的结果是日本现在付出了"核泄漏"的高额学费。为什么不好好把握自己的命运呢？

要更认真地为自己的利益着想。你现在是正式员工，还是派遣员工，还是在家啃老？你10年后，20年后会怎么样？你要照顾父母吗？自己老后怎么办？对现在的工作有不安和不满吗？有没有性骚扰和生病的烦恼？这些都和社会紧密相关，现在可不是随心所欲停止思考的时候。

对，现在你缺少的就是彻底的"自私"。不管对谁来说，最重要的是自己的利益。承认这一点，尊重其他人的利益，追求自己的幸福吧。

44. 真的不能自杀吗？

咨询人 | 无业 男性 50+

我是个 50 多岁的无业男性。我想谈谈自杀的问题。

报道说，自杀者连续 13 年超过 3 万人。世人一般认为自杀是软弱低级的人做的事，给人感觉非常灰暗。有人说，不管有什么理由，都绝对不能自杀。

但是，我却想能不能把自杀正当化，不要背上阴影，堂堂正正去自杀。用不给别人添麻烦的方式自杀，真的不行吗？

未来可期的小学生、中学和高中的孩子们，因为受欺负选择自杀，这我无法赞同。但像我这样，50 多岁无业，单身，尽情享受了人生，没有亲朋好友，死了都没有遗属会为我悲伤。

我毫无顾忌地活到了现在，养老金保险也交了 25 年以上。我选择在领养老金的年龄之前自杀，国家要付给我的养老金也会归还国库。政府为了将来支付养老金，还在提高消费税，对政府来说，我的死也是减轻负担，这是终极的社会贡献。

我觉得我的自杀，并不是世上一般人所认为的对未来悲观才选择的自杀，而是积极向前的死。你觉得呢？

【回答】
老实承认你的软弱吧

人不会因为社会原因，而会因为个人原因自杀。开头你写道"世人一般认为"，说明你根本就不想自杀。

那么，你为什么要问这个问题呢？

解释1，把争论扔给回答者，试探对方，看会得到什么样的回答。对不起，我没有时间去写那种常识性的回答。

解释2，你在寻求"自杀正当化"的理由，想把我的回答当作"正当化"的依据。自杀是主动行为，遗书是最后赌上生命发送的信息。你要是在遗书上写"朝日新闻的'烦恼树洞'是这么回答我的"那就惨了。我可不会上当，本来这个专栏的回答，也不值得赌上一条命（笑）。

解释3，如果你是为了信念和信条自杀，我也不会阻拦。不过，我并不赞同你的信条，我觉得你的信条很无聊。

再说一遍，人不会为了社会原因自杀。人会为了个人原因对现实悲观而选择自杀，如果你没有非死不可的理由，真正想自杀的人会觉得你是个把自杀挂在嘴上的假货，会很生气。

解释4，你有理由想死，但是你没有写出来，你希望我阻止你。真正想死的人，不会来做咨询。你说"想死"其实就是"不想死"，自杀的人多次预告自杀，是希望别人接收到信息来阻止他。

这么说来，"50多岁、无业、单身、男性"的背后，有什么内情呢？"没有亲朋好友"的你，在这个社会属于孤独死①预备军的高风险人群。难受、孤独、想要人帮助的话，不要嘴硬，就痛痛快快说出来吧，肯定会有人阻止你的。首先要承认自己的软弱。所以说，男人真麻烦啊。

---

① "孤独死"是指独居者在没有任何照顾的情况下，在自己居住的地方因突发疾病等原因而死亡，经过一段时间才被发现。

第七章

我的人生到底怎么了？

45. 这是我想过的人生吗？

咨询人｜公司职员 女性 41 岁

我 41 岁，是个公司职员，有一个还小的孩子。**人生 80 年，我已经过了一半，最近我时常感到懊悔：这就是我想过的人生吗？**

自从 37 岁生完孩子，我就强烈感觉到，世事不能如人所愿。之前我一直觉得自己想做的事都做到了，自己想做的事也都能去做。

但是，自从生活的中心变成了孩子，自己想做的事也做不了，花在工作上的时间也要缩短。一想到这种情况会持续到孩子 18 岁，我就会怀疑，这到底是不是我想要的人生。

我想在国外（西方）生活，去亲眼见识很多国家，一边感受世界一边工作。在欧美我待过不到三年，大学生、研究生生活丰富多彩，但后来我选择了更安逸的生活。现在，我在工作中多少要用到英语，却很少去国外旅行。丈夫和我正相反，他最喜欢自己出生的地方，不喜欢听到我说想去国外旅行。

　　我是否应该向着自己的梦想靠近呢？但是要守护的东西太多，无法果断行动，感觉自己走进了死胡同。我的烦恼好像是小姑娘才有的，上野老师一直坚守自己的信念，您有什么好建议吗？

【回答】
要享受已经得到的东西

真难办，都 40 岁了还是个"做梦的小女孩"。讨厌现在的人生，想要重新开始，我听起来是这样的。

你是想结婚才结婚，想生孩子才生的孩子对吧？你肯定是晚婚晚育，并不是因年轻无知而跳进婚姻里。和"喜欢自己出生的地方"的丈夫过脚踏实地的生活，是你深思熟虑后选择的，难道不是这样吗？

现在的生活不也是你的"梦想"吗？包括"安逸的生活"，在做这个决定的时候，你已经知道了自己的界限吧。

没有关系，有这种不合时宜的想法，是因为孩子还小，"以孩子为中心的生活"马上就会结束，孩子成为中学生之后就不会愿意跟父母待在一起。

喜欢做梦的人大多只是逃避现实。因为问他们为了实现梦想现在做了什么，他们都回答不上来。如果你的梦想是真的，你可以带着孩子去国外生活，你为此做了哪些准备呢？只是，你要有心理准备，丈夫讨厌国外，这会给你们的生活带来危机。丈夫也会问你：那你为什么要选择我？

那么，你到底想去国外做什么？学生时代你是个客人，用了钱就会回来，你是个消费者。但是，如果要在那里生活，就要拼命努力。**你所说的"外国"可能指的是"不在此处"，你对现在的生活太厌倦，以至于想逃避现实。**被你这样的母亲养大的孩子，还真可怜。

首先，你要从兼顾工作和育儿的紧张状态中放松下来，这需要丈夫的帮助。其次是要享受现在的育儿生活，给自己找点乐趣。年纪大了才生孩子，虽然体力没那么好了，但优点是职业和心理上更从容，育儿可以变得更快乐。你好不容易得到的东西，不好好享受岂不是损失。如果你不结婚、生孩子，去国外生活，实现了自己的梦想，也许现在还是一个在国外过腻了的"单身难民"呢。

46. 拒绝还乡的妻子，对我太不公平

咨询人 | 公司职员　50+

　　我马上就快退休了，是个 50 多岁的公司职员。我出生在小地方，是家里的独生子，上大学来了东京。我在一家制造公司任职，和出生在九州的妻子结了婚，养育了三个男孩。孩子都已各自成家，我现在和妻子两个人生活。

　　80 岁的母亲还在老家，今年因为内脏疾病病倒了，夏天做了好几个小时的大手术。父亲已经 85 岁。我会利用周末和暑假去医院看护，签了好几份手术知情书。幸好手术成功了，今后无疑要进入"老老看护"① 的状态了。

　　于是，我决定退休后回乡下。**跟妻子说了这件事，她却断然拒绝，说"我绝对不愿意"。**旅行、书法是她的兴趣，在东京才能享受。我不能原谅的是，她把自己的父母从乡下接到东京来，一起生活了 5 年多，我也是长年忍耐

---

① 指看护方和接受看护方都是老人。

过来的。我倒不是要求妻子去看护我的父母。

如果我们夫妻关系好，这一关也能一起过去，不过我现在只想离婚。我倒不是希望你告诉我什么解决方案，但我的想法是没有道理、不公平的吗？你怎么看？

【回答】
看护的重担不要放在
自己一个人肩上

　　你已经决定离婚了，这就不是"咨询"了。你想问的是，自己离婚的理由是不是"没有道理"。

　　离婚没有什么道理和公平可言，就像结婚也不算是"有道理"和"公平"。想在一起，就结婚。厌倦了，就离婚。诚实面对自己的内心，不也很好吗？你已经不想跟妻子在一起了吧？你不想承认而已。已经考虑离婚了，说明早已积累了长年的郁闷和愤怒，看护父母只是导火索。

　　试试把"我已经不想跟你在一起了"说出口怎么样？也许妻子也会说"正合我意"。这也不是工作上的合约，夫妻关系还要讲道理，你的态度太"直男"了，妻子也许早就烦死了。

　　从妻子的角度来看，丈夫的亲人是外人，丈夫的家乡对妻子来说是异乡，当然不会乐意把自己的生活连根拔起去照顾公婆。其实有很多其他选择，比如把父母接过来，不住在一起，住在旁边，住进附近的养老设施，但你根本不想跟妻子商量。

不过，你决定自己一个人搬到高龄的父母身边，住在一起照顾他们。做出选择以后，又说是妻子逼你做出的选择，是不是也在怨恨父母呢？

退休对男人来说是人生的转机。我很明白你想改变人生的心情，那就把自己的幸福放在第一位考虑吧。你问自己的离婚理由是否"有道理"，虽然没有把"幸福"当成考虑问题的标准。如果婚姻不幸福，结束婚姻对双方都更幸福，那就回到老家，安享老年生活吧。不过父母的看护不要一个人承担，要用好看护保险，寻求他人的帮助。现在有各种养老设施，为了避免以后觉得自己为了父母牺牲了人生，一开始就不要把重担压在自己一个人身上。

47.人生的成功越来越远

咨询人 | 主妇　40+

　　我是个 40 多岁的主妇。关于人生的成功，我已经考虑了 20 多年。

　　我母亲对孩子的社会成功期待很高，我接受过各种各样的早教。我想她是希望孩子完成她未完成的梦。但是，我最终大学没毕业就退学了，跟社会上的成功差距很远。

　　结婚以后，我不想把自己的价值观强加给孩子，一直没有怀孕。我去上各种学校，继续学习自己的专业近 20 年。比起学生时代，我的知识更丰富了，记忆力、应用力、理解力都得到了锻炼，我确信自己进步了。

　　但是，我经常感到强烈的幻灭和焦虑。最近我很容易疲劳，眼睛也开始花了。学习了一辈子，结果却只是满足了自己的虚荣心。

　　书店里摆着各种方法指南书，人们都读得很起劲。我有时也会照上面的方法行事，但这样就能找到幸福吗？我内心常常充满怀疑。政治家丘吉尔曾经说：**"成功就是在一次次失败后仍不放弃。"**尽管时代背景不同，但这仍是非常耗费精力的痛苦尝试。希望得到你的建议。

【回答】

要更多地"满足自己"

20 年来，你一直在思考成功，一直想到了 40 岁，现在还没有成功吗？会成功的人，做到这个地步早就成功了。你如果还没有成功，接下来也不见得可能了。这样回答，这个问题似乎就应该结束了……

对你来说，成功到底是什么呢？是母亲的夸奖？是世人的评价？**大学中途退学，就说自己跟成功"无缘"，你的"成功"观，还真是浅薄又世俗。**

好像在你的心中，你母亲一直稳坐着在监视你。也许不管你做什么，她都在责备你"还不够""这种程度不行"。这样下去，不管你做成什么都是白搭。婚姻幸福，她会责备你"赚不到钱"；有钱有地位，取得了社会上的成功，又会责备你"哼，女人的幸福就是生孩子，你都没有生孩子"。

你这 20 年的努力不知道有多少，但都是为了母亲的表扬，或者说是希望母亲高看你一眼，我们先承认这一点吧。

你要做的第一件事，是把妈妈从你的心中赶出去。我就是我，我的人生只有我能负责，在心里这样告诉自己。

有人觉得，40 岁前后，人生还长。但冷酷的事实是，你已经开始老了，记忆力下降，视力和体力都在衰退，谁都无法阻挡老去。你就放弃一辈子成长、一辈子进步的幻想，生活在"只要我幸福就 OK"的"自我满足"的世界吧。**否则，你这一辈子都要在"幻灭和焦虑"中度过了。**

对，如你所说，**幸福就是"满足自己"。**你把小小的"自我满足"尽量放大吧，自我的满足只有自己知道，有什么不好呢？你的人生应该从新的开悟开始，40 岁还不算太迟。

48. 我的人生到底是什么？

咨询人 | 无业　46 岁

我 46 岁，和 50 岁的丈夫两个人生活。最近我很烦恼：

为什么我这么不幸呢？真是没有一件好事。接下来的人生，应该不会有任何快乐，就这么老去了。想到这里，我就每天都很郁闷。

从小我父母就争吵不断，我根本没有什么快乐的记忆。因此，早点结婚生孩子，过上平凡而幸福的家庭生活一直是我的梦想。

25 岁结婚，我想早点生孩子，但未能如愿。10 年前左右，我母亲去世，鳏居的父亲赌博欠的钱要我去还。不久，丈夫的公司破产，我平时要做全职工作，周末还要做兼职，全年无休。还了欠款，丈夫换了好几次工作，最近终于稳定下来了。

不过，接下来我的身体不行了，半年前我辞去了工作。最近有了点时间，我开始回顾自己的人生。

生孩子的梦想破灭了，发生的都是不好的事，今后也没有任何快乐可言。不知道我的人生到底是什么，真令人烦恼。同龄的女人都有老公保护，有自己的孩子，生活得很幸福，看见她们我就感到嫉妒，自己一对比就更加沮丧，我今后应该怎么办呢？

【回答】

人生不要看扣分，要看得分

哎呀，你的人生真辛苦。不过，最近，父亲欠的钱还清了，丈夫的工作也定下来了，你辞掉了工作，也有时间了。好不容易松了一口气，你就得了"我真不行"症候群。

我有一个问题。在你被追着还钱，全年无休不停工作的 10 年间，你感到不幸吗？恐怕你都没有感到不幸的时间，每天忙着解决眼前的问题吧。

这种心理机制叫作"目标丧失症候群"。**不管情况多严重，只要有目标，就没有空哭着抱怨。目标一旦从眼前消失，就会被虚无抓住**……为了避免这种情况，一旦老公过世之类的新危机到来，你又会充满力量。你已经辛苦了这么久，我并不是想让你继续受苦。是不是应该轻松看待呢？这种时候反而是危险的，患抑郁症的人在恢复期自杀的可能性反而更高，**因为有了体力和精力来感受空虚。**

看起来，你到现在的辛苦，都是为了别人。有孩子的话你也会为了孩子生活，如果那孩子不争气，你这一辈子都会辛苦奋斗，也没空感到不幸。

你需要的是为自己而生活。好不容易有了这个条件，却惘然若失，这是很自然的。**不要用扣分（没有的东西），要用得分（拥有的东西）来衡量人生。**这样一来，丈夫和父亲就都不是负担，你又没有孩子可以成为负担。46 岁开始新的人生并不太迟。没有什么意外，和丈夫不生病，过着宽裕的生活，也会让人羡慕。幸好你的烦恼里面没有对丈夫的不满，失业和换工作并不是他自己的问题，他支持帮父亲还欠款的妻子，没有出轨也没有家暴，是一个诚实可靠的男人。今后互相扶持，好好生活吧。

49.小说里没有恋爱不行吗？

咨询人 | 无业　60+

我马上就要到 70 岁了，是个单身女性，大学毕业后，当了大半辈子公务员。

在职期间，我还要照顾父母，直到 2 年前，父母都安心地去了另一个世界。我剩下的人生可能只有 10 年左右了。我想把剩下的人生都用在自己身上，去参加了小说的创作讲座。好久没有跟人讨论了，很开心。

但是我开开心心写出来的短篇小说里，没有其他人作品中出现的"会挣钱疼老婆的丈夫""高级红酒"，只有双亲以及世人饱含恶意、嫉妒、憎恨，却装作关心的话语。结果大受质疑，大家批评不断——**不行啊，"质疑母亲的爱，不能原谅"**。但是，我既没有爱过人，也没有被爱过。

父亲只关心男孩，只爱弟弟，我跟他只有金钱关系；母亲是个美人，又很聪明，但只偏爱像自己的姐姐。我被他们两人无视，从小生病或受伤都只能自己去药箱找药。工作以后能力虽然不错，但没能升上去，最后还是个小职员。

姐姐弟弟都不回家，照顾父母的只有我一个人。人生即将闭幕，最后的旅程我想开开心心，但不懂爱的我不能写小说吗？

【回答】
好好写，喷出你自己的岩浆吧！

描写世间的恶意、嫉妒、憎恶，就会受到质疑，这是写作课吗？莫不是道德课？说不能"质疑母亲的爱"的人，我认为不适合当小说家。希望他去看看车谷长吉[①]的小说。

单身到 70 岁的你，肯定有很多当异类的经验。首先，你这个年纪的女人，大学毕业就是异类，一直坚持单身，更是异类。一直在当公务员，生活想必无忧。你这个年纪的女性，跟同期入职的男性比起来，肯定受到明显的区别对待。背后肯定有人说你是"老小姐""老处女""没人要"，你肯定都知道。

再有，你父母夫妻关系不好，偏爱儿子，而你跟姐姐比起来，既不漂亮，又不像母亲那么聪明。父母不爱你，你却代替父母偏爱的姐姐和弟弟送走了他们。你照顾他们

___

[①] 车谷长吉（1945—2015），日本当代最具代表性的私小说作家之一，自称为"反时代的毒虫"。

的时候怀着怎样的心情呢？

你的辛苦和愤懑，从字面上就可以看出来。也就是说，你想写的东西有一箩筐，这多好啊！

有人说，每个人都会在自己的生涯中写出一篇作品。大多数的人，想写自己的人生却没有素材。而你呢，写起来应该有用不完的材料。**写作这个行为，本身就是总结自己的人生。你心里堆积的岩浆暂时还不会冷却，创作欲也暂时不会衰退。**

也就是说，你是很适合当小说家的。不过，写小说并不是把"自己的感觉如实写下来"，还需要技巧。所以才需要上课。多练习，多磨炼自己的技巧吧。多给文学奖投稿，也许不久后就会诞生 70 岁的新人奖作家。

作家村上龙①先生写《工作大未来》时曾写过："写作是留给人最后的职业……死囚犯也能当作家。"请好好努力吧。

---

① 村上龙（1952—），日本著名小说家、电影导演，代表作有《无限近似于透明的蓝》。

50. 如果上野老师是个美人

咨询人 | 主妇　60 岁

我是个 60 岁的主妇。

孩子们都已经独立，我一人的时间都花在读书上。但是不管我怎么读，都有新的书出现，怎么都读不完。

年轻时我也曾被人说"漂亮"，那些被人环绕的时光都浪费了，想起来很惭愧。

所以我有个问题想问上野千鹤子老师。

如果上野老师是个绝世美女，还会像现在这样，选择社会学的道路，透视社会深层吗？

对女性主义和性别问题、单身问题、男性的厌女情结还会研究得这么深吗？

1980 年我在京都大学听了浅田彰[①]的演讲。看到听众里提问的女性，我觉得"真帅"，我身边的丈夫说"那是上

[①] 浅田彰（1957—），日本著名的文化批评家和哲学家，代表作《结构与力》《逃走论》。

野千鹤子"。

上野老师现在这么厉害，可能是因为没有长得像玛丽莲·梦露。这么想的话，人的一生，可能就是被天生的容貌左右的呢。

实际上是这样吗？我想听听上野老师的想法。

【回答】
如果人生如此简单……

美国有个这样的笑话。

校园里有妆容精致的女人穿着高跟鞋在走，那是教授秘书。不化妆，不鲜亮，不年轻的女人，那是教授。为什么呢？在高中的花样年华，漂亮的女孩被男孩围绕，忙着约会，哪有时间学习。不漂亮的女人则勤奋学习，进了名牌大学，成果斐然。

波伏娃也经常被拿来跟妹妹做比较，父母总是对她说"你不够可爱，还是好好学习吧"。所以女性主义就被当作"丑女人的复仇"。40 年前的老男人媒体的说法对吗？你虽然说得委婉，其实是一回事。**你的说法就是"容貌决定人生"，人生如果如此简单就好了。**

我有证据：参加妇女运动的女人，有很多都是美女。好看的女人，经常被男人性骚扰、跟踪、利用；丑女人被男人无视、封杀，成为嘲笑的对象；不算好看也不算丑的中等女人被男人利用、抛弃、轻视。很可惜，这就是 40 年前女性生活的现实。

看起来你过着幸福的人生，你觉得那是容貌的原因。你说了"年轻时"，说明你也知道女人的容貌有观赏期限。也就是说"年轻时"是幸福高峰，接下来就一路走低。

如你所说我是"长得不好看的人"（笑），但我这一生，不管男女，跟他人建立关系时并没有因此受影响。**对弱者有想象，自己并不一定非得也是弱者。**

你到了这个年纪才发现想读的书很多！多好啊，这是书和读者的相遇。不要把你年轻时不读书归咎于容貌，容貌是容貌，幸福是幸福，求知欲跟这两者又不一样，这其中没有什么相关性。这些东西，你读读书就知道了。

后记 人生的烦恼大多来自下半身

我竟然成了情感咨询的回信人，虽然完全不够资格。不合规格的我，本来以为这是人生指南之类的东西，但《朝日新闻》周六版 be（刊载"烦恼树洞"的版面）的人气栏目"烦恼树洞"，回信人包括我都算是有点怪癖的人。首先"烦恼树洞"这个栏目名字就有点怪怪的。

读者来信栏目有好几类。一种是日本最老牌的情感咨询栏，如《读卖新闻》的"人生指南"，这个栏目从 1914 年开始，持续了一个世纪，咨询内容、回信人人选、回信的方式，都成了研究世情变迁的资料，相当有个性。

还有一种，是曾经在《朝日新闻》连载的中岛落磨的"快乐烦恼咨询室"，名字就取得像开玩笑。栏目启用了关西作家中岛落磨这个常常语出惊人的鬼才，他幽默地回答了很多有趣的来信。

那么，"烦恼树洞"又是什么呢？应该介于前两者之间吧。从回信人的人选来看，一开始并不想要回信人给出符合世间常识的回答。每周轮换，有四个回信人，就像是个性鲜明的演员在竞争。不知是否有意煽动起回信人之间的竞争意识。

有时，会有人问"那封来信是不是假的？"落磨的"快乐烦恼咨询室"里的烦恼都是真的，我们"烦恼树洞"的咨询人也都是真的（据说是这样，我并没有查证）。所以，这些情感咨询是相当真实的，有时负责人还会告诉我咨询人对我的回答的反应。

所以，有人也许把我的回答看作以读者为对象的语言上的表演，但其实并非如此。就算不能帮上忙，也绝对不要伤害咨询人，这是我定下的规矩。

连载持续下去，每位回信人的个性也浮现了出来。每位回信人都有了自己的粉丝，指定回信人的情况也越来越多。连载很有趣，每个人都变得越来越厉害。冈田斗司夫[①]先生头脑风暴满开的锋利回答总是刺中读者；认为"人生即苦"的车谷长吉的愁怨也让人凛然一震，感觉一般的烦恼都算不了什么了。其中最有常识的金子胜[②]先生寓言式的散文风格的回答，简直

---

① 冈田斗司夫（1958—），曾任日本动画制作公司 Gainax 社长、东京大学讲师。自称为"御宅之王"，代表作《王立宇宙军》《飞跃巅峰》。
② 金子胜（1952—），庆应大学教授，研究经济、社会保障等，著有《失去的三十年》等。

达到了登峰造极的地步。代替车谷先生登场的美轮明宏①先生基于丰富的人生经验，经常在回信中当头棒喝，让很多读者战战兢兢。我在这些人当中，对"下半身问题"最擅长，大家都认为我是饱尝了人生百味的熟女。

这个连载已经出了两本书，一本是冈田斗司夫先生的《你家儿子惹人烦》，一本是车谷长吉先生的《人生解药》。第三本就是我的这本《上野千鹤子的私房谈话》。

这本书讲的是"下半身"问题，不要看见"下半身"就嗤之以鼻。人生有上半身、下半身才算完整，人生的烦恼大多来自下半身。能在大报纸的专栏里公然谈论这些问题，说明时代进步了。

说起来，我在大概四分之一世纪前，40岁左右，以一本《裙子下的剧场》让大家大跌眼镜。我本来是个名不见经传的研究者，一下子成了"下半身四文字学者"，还曾被叫作"学界的黑木香"②。啊，你们已经不知道黑木香了？腋毛女王，"AV届的上野千鹤子"是也，知性派 AV 女优。啊，这都不知道，

---

① 美轮明宏（1935—），日本创作歌手、演员，是江户川乱步和三岛由纪夫、川端康成的好友。
② 黑木香（1965—），日本成人视频（AV）演员，被称为"80年代性的布道士"和"解放者"。

还是在网上搜索一下吧。

50 岁以后，我的《一个人的老后》成了畅销书，本来以为这本书无法超过我那些下半身著作，谁知竟然一直卖一直卖，做成了文庐本，最后卖了 80 万册，甚至超过了《裙子下的剧场》的 50 万册。《一个人的老后》让我的读者层发生了很大变化。

接下来就是"烦恼树洞"。毕竟是发行量超过 800 万份的全国性报纸，读者的数量多了一个零。最近出门，经常碰见自称是"烦恼树洞"粉丝的人，大报纸真吓人。

经常有人对我说："要继续回答下去哦。"这可不是我能决定的。我会坚持到负责人把我撤掉。实际上，不知何时起，这件工作让我乐此不疲。能窥探别人的人生，真是有意思。还能介入别人的人生，那就更有意思了。本来算是多管闲事，但如果对方本人要求介入，那就大摇大摆地回答了。

读者看着我的回答，肯定会觉得我说得不对，想着如果是自己会怎样回答，心里一边嘀咕一边看下去。还有人说，现在会从后面开始翻，先读 be。负责人的雄心壮志，我们回信人只能支持。

5 年来给予我的连载极大支持的是 be 的编辑中岛铁郎先生。他是我的伯乐，我受益无穷。哪个问题由谁回答，不知道是怎么划分的，但不知为何感觉给我的都是下半身问题。负责文库本出版的是朝日新闻出版社的中岛美奈小姐。在两位中岛的联手之下，诞生了这本有意思的书。更要感谢那些写来这些充满个性的问题的咨询人。

　　读的时候，你也可以嘀嘀咕咕地讨论，或是心有所感，或是对某一点难以赞同，想象如果是自己会怎么回答。我保证这本书非常有趣。

上野千鹤子

2013 年 4 月　樱花新叶之时

译后记

为了大声说出的话

时光倒转 20 年，在我大学毕业的时候，同学们都在忙着参加日企招聘会。我毕业于上海某高校日语系，毕业后进入日企，似乎是天经地义的选择。但我对于"进公司干什么"完全没有概念，对于"我在公司能干什么"也完全没有想法，或许日剧里茶水间聊天的总务科 OL 最适合我？我当时确实这么想过。

在日企里，所谓"总务科"，就是"行政科"，总务科的 OL，一般做的就是打杂的工作。在日剧里她们穿着体面的套装，优雅的中跟鞋，端着托盘（托盘上是给客人的茶）在格子间小碎步跑来跑去的样子，跟《瑞丽》上操心"用不多的几件单品完成一周穿搭"的 OL 完美契合，对刚跨出学校的年轻女孩来说，也算是一种生活榜样。

因为我对进公司工作实在不得要领，最后我没有进入任何一家日企。后来在工作中跟一些日企打交道，坐在会议室看到端茶水进来的女员工，我也会暗暗好奇，在她们优雅的外表和得体的举止之下，是否有一丝不满？

这种不满就是，为什么干杂务的都是女员工？我想在这些公司的面试中，这都是一个不敢问出口的问题。

类似的问题在我们那一届的毕业生中，真的有一个女孩在招聘会上提出来过，她在一个欧美公司的招聘会上问：贵公司是否男女一视同仁？

在我们那个年代，在招聘会上问到这个问题毫无疑问会被归为"怪人"。那是 2000 年开头。

我当时的感觉是"这个同学很有想法"，但是，我是她那样的人吗？或者说，我想成为她那样"咄咄逼人"的人吗？答案是否定的。

这些年在社交网络上发生了许多与男女平权相关的公共事件，在这些事件中，作为看客，我也一再检视自己是不是女性主义者，答案是：好像是……又好像不算不上……

跟众多看客一样，我们可能没有亲身经历过明显的性压迫事件，但出于天然的同情心和朴素的道德感，看到女性受难的新闻就会义愤填膺。但至于另一些处于灰色地带的事件——

比如，"me too"运动中好多性骚扰和性侵事件被翻出来，固然大快人心，但是否有必要搞得那么大，让人身败名裂呢？

女性的恐婚、不婚，是否自己太想不开，对男性带有太多恶意的揣测？毕竟生活的伤害来自方方面面，要有自己消化情绪的能力。

……

世界并非非黑即白，凡事以善恶对错来断定也会变成某种"原教旨主义"。相信很多人和我一样，对女性主义一知半解，在各种验证中对自己也深感疑惑，这才有了上野千鹤子的作品在中国的热销。

没有人是天生的女性主义者，上野千鹤子也如此。

上野千鹤子 1948 年 7 月 12 日生于日本富山县，她的父亲是一名内科医生，母亲是家庭主妇，她有一个哥哥和一个弟弟。父亲虽然是高学历，但思想传统，认为"女人最后反正都是结婚"。父母关系不合，上野千鹤子从小目睹了在婚姻生活中满怀怨言的母亲，决心"不要过母亲那样的生活"。20世纪60年代上野千鹤子进入京都大学哲学系学习，大学期间正是学生运动的高潮。上野千鹤子也参加了当时的学生运动，但在学生运动中，她却深深感受到了性别的不平等。即使在"革命"中，女性也并未被男性当作同伴和战友，只是被当作"后勤"和"慰藉"。在运动的后期，集体运动中人性的丑恶让她学会了"孤立主义"。

左翼学潮孕育出了20世纪70年代紧接其后的日本第二波女性运动。当时上野千鹤子因学生运动的幻灭感，读研究生院的时候感觉不到人生意义，曾再三准备退学。某天她打开报纸的招聘栏，发现八成工作都"仅限男性"。女性职位只有"招待员、会计"。女性在这个社会似乎毫无就业的希望。连教授招助教，也会告诉她"助教有很多杂事要做，会妨碍研究，不适合你"。她在近30岁才邂逅了日本女性学研究会，一开始的感觉是加入女性俱乐部"不舒服"，后来才发现与职业不同、性格不同的女性交往的乐趣。她说："和女性的交往让我认识到了女人是值得信任的生物，这才从孤立中解脱出来。"

上野千鹤子自1982年开始出版著作《性感女孩大研究》，进入性别研究，这本书以"符号论"来解读广告中的女性形象，探讨在男性社会中女性如何被凝视、被商品化，成为话题之作。同年她出版了《解读主妇争论》，成为"1980 年代女性主义的旗手"。她把符号论、结构主义应用于社会学，解剖性差别的结构。她的畅销书《裙子下的剧场》等，从女性的角度来审视性爱，试图把"性"的阐释权从以往的男性单一视角中夺回。1985 年出版的著作《资本制与家务劳动——马克思主义女性主义的问题构造》是她后来的学术代表作《父权制与资本主义》的基础。在这本著作中，她从马克思主义女性主义的立场出发，指出资本主义社会体制与性歧视从结构上来说不可分割。性歧视是社会近代化和工业化的产物，巧妙地融合在近代家庭制之中。近年来，上野在发现家务的价值基础之上，又加入了对老年和看护等课题的研究，出版了《一个人的老后》等畅销书。

在深受儒教影响、男性占主导地位的日本社会，上野千鹤子这样尖锐的女性主义学者无疑是异类。1995 年她成为东京大学文学院历史上聘用的第三位女教授。上野是一个社会争议颇多的公众人物，加上她深受马克思主义影响的偏左的学术观点——在冷战结束后"马列系"学者迅速式微的东大文学院，聘用这样一个学者任教，更是惹人侧目。而上野千鹤子在 2019 年东京大学入学典礼上的演讲，在东亚范围内的广泛传播，更放大了她的声誉，让她成为女性主义的标杆人物。

在采访中，上野千鹤子直言，东京大学决定让她在入学典礼上演讲，或许就考虑到了她将会带来的言论的力量。这符合她一贯的策略。她向来主张：愤怒要说出才有力量。作为畅销书作家，她获得了很多在报纸、电视等大众媒体上发言的机会，而她也非常善于用这些机会来宣扬自己的观点，这是她为女性主义争取机会的策略，事实上也取得了很大的成功。

为何"大声说出"如此重要，美国作家丽贝卡·索尔尼特在《爱说教的男人》一书中一针见血：

> 当我议论一个男人的行为时，却经常被告知我说的事没有发生，说我太主观，妄想，大惊小怪——一言以蔽之，太女人。

> 今天，当一个女人说出让人不舒服的有关男性不端行为的话时，她仍然会被说成胡言乱语，阴谋算计，撒谎成性，一个认识不到那不过是风流韵事的怨妇，或者以上全部。

女权主义部分地是通过事物命名来推进。性别主义、厌女症、男性沙文主义，这些词在 1960 年代以后才出现。"性骚扰"这个词最先出现于 1970 年代，1990 年代才开始获得广泛传播。

近半个世纪以来女性主义的发展，都是靠"大声说出"推动的。因为在一个长期由男性话语掌控的社会，女性首先需要靠大声反驳来划定权力的界限。近年来声势浩大的"me too"运动，同样借助网络上广泛传播获得力量。"大声说出"，是女性主义运动的一个重要斗争策略。

本书《上野千鹤子的私房谈话》就是上野千鹤子将女性主义运用于大众媒体的产物。2008 年开始，上野千鹤子在日本顶级大报《朝日新闻》的"烦恼树洞"栏目担任读者来信的回信人。本书是她的读者问答的结集。

《朝日新闻》发行量高达 800 万份，读者来信中，烦恼五花八门，上野千鹤子戏称，栏目编辑倾向于把关于"下半身"烦恼的来信交给她来回答。不体贴的老公、不想工作的老公、爱看黄色图片的上司、职场 PUA、原生家庭的烦恼、控制与反控制间角力的亲子关系、婚外情、如何爱自己……这都是女性在日常生活中常见的问题，令人如同看到另一个自己，感同身受。来信中，提问者匿名，因此得以冲破羞耻感，将人性深处不登大雅之堂的苦痛暴露出来。

上野千鹤子现任NPO法人Women's Action Network（WAN）理事长，这个NPO组织日常活动之一就是鼓励女性说出自己的苦恼和不满。这是联结女性力量的重要一环。在传统的男权社会，许多女性的困扰被视为"身为女人必须承担的命运"，从而掩盖了社会结构的不公平。从为女性特有的苦恼正名开始，女性所受到的不公平待遇才浮出冰面。上野千鹤子在"烦恼树洞"的读者问答，可以说是一场大型的纸面上的"性别救助"。

而上野千鹤子的回答，也不负众望，机智幽默，开放豁达又不乏温情。她既能一针见血地指出提问者认知上的困境，令提问者认清自己的本心，又能巧妙地引导提问者，让提问者自己换一个角度，尝试以全新的格局来看问题，摸索走出困境的道路。

比如，提问者来信倾诉无法从父母的精神虐待中走出来，上野千鹤子回答：虐待孩子的父母没有自觉，孩子不管怎么责备他们也不会反省，跟父母算账是浪费时间，还会伤得更深。不如找人倾诉。有过悲惨的经历，不要逃走，要转过身来面对，走出那段经历。

丈夫不想工作怎么办？上野千鹤子回答：你对他的期待是什么呢？如果他更适合育儿，把孩子扔给他也无妨。育儿也做不好，那就承认自己的眼光不行，把他当儿子养。

工作上遭遇职场 PUA，上野千鹤子教提问者采用迂回战术，去找上司的上司，站在公司的立场，旁敲侧击指出问题。

讨厌生养自己的母亲不正常吗？上野千鹤子说，亲子关系是不对等的，如果真的喜欢不上自己的母亲，也不用勉强，形成良性互动、不互相煎熬的亲子关系。

……

在这些回答中，上野千鹤子展示了一个自立、健全的现代女性应该如何处理自己身边的各种关系：把自己身边的他人都当成独立的个体，不过度索求，也不盲目给予，完善和丰满自我，在此之上理清与他人的关系，充分享受人生的"醍醐味"。

上野千鹤子曾说："我认为女性主义除了追求与男性的平等，更是追求自由的思想。"虽然上野千鹤子自己没有结婚，但她是异性恋，不排斥恋爱。"没有比恋爱更能认清自己的体验"，她直言自己不结婚是因为无法遵守"把自己身体的性权利终生排他性地交付给某位特定异性"的契约。

在这本书中，我们看到一个了解人性、接纳人性，却坚持自己的信念，丝毫不会妥协、让渡自己自由的女性主义者上野千鹤子。她对不婚主义者说："30 岁如果不准备结婚，就要考虑人生规划了。好好工作，好好交养老金，贷款买一个自己的小房子，珍惜同性朋友，给单身生活做好保障"，"孤独让人生更有深度"。

一个女性主义者在生活中应该是什么样子的？她遇到生活中的鸡毛蒜皮时应该如何处理？女性主义者如何思考工作、家庭、情感中的日常纠葛？上野千鹤子在这本书中展示了一个鲜活生动的女性主义者：她怎么生活，怎么解决问题。相信这本书也将给处于相似烦恼中的你带来全新的启示，也希望这本书成为更多人的女性主义启蒙书。

安素

2022 年 9 月 9 日

著作权合同登记号桂图登字:20－2022－234 号

图书在版编目(CIP)数据

上野千鹤子的私房谈话／(日)上野千鹤子著;安素译.—桂林:
广西师范大学出版社,2023.2(2023.3 重印)
ISBN 978－7－5598－5612－8

Ⅰ.①上… Ⅱ.①上… ②安… Ⅲ.①社会学－通俗读物
Ⅳ.①C91－49

中国版本图书馆 CIP 数据核字(2022)第 215665 号

上野千鹤子的私房谈话 SHANGYE QIANHEZI DE SIFANG TANHUA

出 品 人:刘广汉　　　　责任编辑:刘　玮　　　　　助理编辑:陶阿晴
装帧设计:李婷婷　　　　营销编辑:黄　屏

广西师范大学出版社出版发行

(广西桂林市五里店路9号　　　邮政编码:541004)
(网址:http://www.bbtpress.com)
出版人:黄轩庄
全国新华书店经销
销售热线:021－65200318　021－31260822－898
山东临沂新华印刷物流集团有限责任公司印刷
(临沂高新技术产业开发区新华路1号　邮政编码:276017)
开本:890 mm×1 240 mm　　1/32
印张:7.375　　　　　字数:110 千字
2023 年 2 月第 1 版　　2023 年 3 月第 2 次印刷
定价:59.00 元

如发现印装质量问题,影响阅读,请与出版社发行部门联系调换。